Gerd Kröncke

Adel verpflichtet zu gar nichts

Londoner Audienzen

Gerd Kröncke

Adel verpflichtet zu gar nichts
Londoner Audienzen

Picus Lesereisen

Picus Verlag Wien

3. Auflage 2005
Graphische Gestaltung: Dorothea Löcker, Wien
Umschlagabbildung: Piccadilly Circus, Eros, London;
Photo Gerd Kröncke
Druck und Verarbeitung:
Druckerei Theiss GmbH, St. Stefan i. L.
ISBN 3-85452-704-7
Printed in Austria

Inhalt

»Welcome to London!«

Vorwort

Ein paar Menschen in der großen Stadt London habe ich näher kennengelernt, schließlich wohne ich hier seit einer Weile. Einige habe ich beschrieben, nicht viele, aber bei knapp sieben Millionen – 6,679.699 waren es bei der letzten Volkszählung zu Beginn der neunziger Jahre – wird man ohnehin nur schwer einen Überblick bekommen. Und es ist fraglich, ob es den Londoner überhaupt gibt in dem Sinne wie wir glauben, den Berliner oder den Wiener zu kennen.

Dieses wildwuchernde London, das keinen wirklichen Mittelpunkt hat, besteht aus einer Ansammlung von Dörfern; Heimat ist nicht die Stadt, sondern die Nachbarschaft. »Jede große Stadt ist eine kleine Welt«, heißt es im Journal »London und Paris« 1802, und zwei Jahrhunderte später gilt das immer noch. London, das wissen wir aus fast vergessener Lektüre, war der Mittelpunkt eines Weltreichs, in dem die Sonne nicht unterging. Die Spuren vergangener Tage sind noch gegenwärtig, auch wenn der Glanz des Empire verloschen ist. Hier bleibt die Geschichte der tausendjährigen Monarchie mit der Gegenwart verwoben. Andererseits scheint es, als würde London eher tiefstapeln; die Londoner neigen dazu, die Reize ihrer Stadt zu untertreiben. In all ihrer Unübersichtlichkeit erschließt sie sich nur zögernd.

Was das Leben in London erleichtert, ist die Gastfreundlichkeit der Menschen, die man erst zu schätzen weiß, wenn man wieder ein paar Tage in Deutschland gewesen ist, und die wohl Ausdruck der alten Tugend englischer Toleranz ist. London ist die Stadt, in der die Kulturen der ehemaligen Kolonialvölker koexistieren, und in dieser Stadt mag jeder sich in der ihm genehmen Anonymität einrichten. Wer nicht will, wird nicht behelligt. »Es ist merkwürdig«, hat Dickens geschrieben, »wie gänzlich unbeachtet man leben und sterben kann in London.«

Es hat sogar gewisse Vorteile, Ausländer zu sein, man wird nicht nach den Kriterien der immer noch vorhandenen Klassengesellschaft taxiert. Man kann sich für Cricket, Fußball oder Hunderennen begeistern, ohne seinen Status preiszugeben. Zwischen dem Akzent der »upper class« oder dem Jargon der »working class« gibt es alle sozialen Schattierungen; nirgendwo wird Englisch in so unterschiedlichen Färbungen gesprochen wie in London. Der Gentleman aus der City und der Cockney aus dem East End gehen einander aus dem Weg wie Arme und Reiche anderswo auch, aber sie respektieren einander. In London gibt es reiche Cockneys, die es zu etwas gebracht haben und die ihren Reichtum auch zeigen, und doch bleiben sie in ihrer Klasse. Es gibt auch arme Gentlemen, sie mögen auf den Hund gekommen sein, aber sie bewahren ihre »stiff upper lip«.

Nun bin ich hier über zehn Jahre gewesen, und die Vorstellung, die große Stadt an der Themse einmal zu verlassen, macht mir jetzt schon Heimweh. London ist sicher keine erotische Stadt, man küßt einander nicht in den öffentlichen Parks. Man schaut einander auch nicht in die Augen, wenn man die Rolltreppe zum U-Bahn-Schacht hinuntergleitet. Doch ich werde Heimweh haben nach der Gelassenheit der Menschen, nach ihrer Unaufgeregtheit, der Höflichkeit im Alltag. Sie entschuldigen sich, wenn man ihnen auf die Füße tritt, und bedanken sich beim Busfahrer, wenn sie aussteigen.

Vor einem Pub zu stehen an einem Sommerabend, wenn das Bier kühl ist und das Glas voll, durch einen der Parks zu schlendern, die allenfalls an einem Sonntagnachmittag überlaufen sind, aber sich für gewöhnlich unaufdringlich schön präsentieren; nachmittags Tee zu trinken und Scones zu genießen; über eine der vielen Themsebrücken zu schlendern ... Beim Blick von Waterloo Bridge hinunter zur City und in der Ferne nach Canary Wharf in den Docklands an der Themse hat man die Kontraste in einem einzigen Panorama beinander. St. Paul's ragt selbstsicher heraus, auch wenn große moderne Bauten sich herangeschoben haben. So macht sicher jeder sein eigenes, unvollkommenes Bild von der Stadt. Gegen Ende des 20. Jahrhunderts ist London wieder die heimliche Metropole Europas geworden, auch wenn die Briten noch zögern, sich ganz dem neu formierten Europa anzuschließen. Sie sind vorsichtig und mißtrauisch gegen schnelle Umwälzungen. Manchen bleibt Europa fremd. Ein Postschalter-Fräulein in einem Vorort, gefragt nach dem Porto für ein Päckchen nach Deutschland, wendet sich seiner Kollegin zu: »Germany, is it in Europe?«

Das 24-Stunden-Mißverständnis

Ein Streifzug durch die Stadt: ohne Geld, Papiere und Uhr ist nichts mehr vertraut

Nach dem Essen bei einem Italiener in Covent Garden schob ich alles über den Tisch. Geld und was man sonst so in den Taschen hat. Ich ließ meinem Freund auch die Kreditkarte, und er sagte: »Gib mir deine Uhr.« Also auch die Uhr, das schöne Stück. Es war am Dienstag, mittags um zwei, und am Mittwoch, zur selben Stunde, würden wir uns wiedertreffen. »Schlaf nicht auf der Parkbank«, sagte mein Freund noch, das sei gefährlich bei meinem Habitus. »Du siehst nicht aus wie ein Penner«, sagte er mit dem Charme des Exil-Österreichers, »jemand könnte falsche Schlüsse ziehen.«

Wie also bringt man 24 Stunden im großen London zu, ohne Orte anzustreben, an denen Freunde zu treffen wären und ohne die Hilfe professioneller Helfer zu suchen? Ein Tag ist nicht lang, wenn nur die Nacht nicht wäre, und irgendwann wird man Hunger haben. Ich dachte, mir sollte noch ein Abschied einfallen, wie in dem Gedicht von Prévert (»Gefährten meiner schlechten Tage. Ich wünsche euch eine gute Nacht. Und gehe«), das ich als junger Mensch geliebt hatte, aber es war Sonnenschein, und ich ließ den hellen Mantel zurück. Nachts wäre er nützlich, doch in der Augustsonne würde er albern wirken.

Ich schaute einem Straßenkünstler zu. Seine Fertigkeiten auf einem hohen Ein-Rad waren von anmutiger Bescheidenheit. Erstmal bin ich Tourist, dachte ich und ließ mich treiben. Ich hatte mir einen Schlips eingesteckt. Mit leichtem Jackett und blauer Cordhose würde man nirgendwo auffallen. Ich ging zu Hatchards und las wahllos in Biographien. Hatchards ist eine Buchhandlung mit ausgesucht kompetenten Angestellten. Da schmökert man stundenlang, wie man so sagt, aber es waren dann doch nur vierzig Minuten. Es ist mir oft passiert, daß ich auf die Uhr gucken wollte, aber ich hatte ja keine um. Eine Weile habe ich in einem Ratgeber geblättert – es gibt da eine winzige Abteilung »Journalismus« –, wie man mit Schreiben Geld verdienen kann. Ein Kapitel erklärte, was man zum Schreiben benötigt: Bleistifte, Anspitzer, Radiergummi, verschiedene Papierformate, »schaffen Sie sich eine Schreibmaschine an«. Ich habe nichts hinzugelernt. Dann lief ich durch Soho.

»Can you spare some change«, fragte einer, ob ich etwas Kleingeld entbehren könne. Wie ich diesen Satz hasse, der einem immerzu ein schlechtes Gewissen macht. Am Leicester Square schaute ich den Porträtzeichnern zu. Manche zeichnen so süß, daß es einen schüttelt. Am Piccadilly Circus schubsen sich die Menschen, viele deutsche Stimmen, viele Franzosen. An der Kirche St. James's gibt es einen Trinkwasserspender. Ständig sprudelnd, aber schwach. Man muß sich tief beugen. Bei McDonald's hingegen kann man die Hände waschen, aber nicht trinken: man steckt sie in ein

Loch in der Wand, dann sprüht heißes Wasser heraus. An den Klos ist nichts auszusetzen.

Auf dem Trafalgar Square waren mehr Menschen als Tauben, und die Menschen buhlten um die Aufmerksamkeit der Tauben. Für 25 Pence kann man einen kleinen Plastikbecher »Vogelfutter vom einzigen lizensierten Vogelfutterhändler Londons« kaufen, »ein Spaß für die ganze Familie«. Man sieht wenige Londoner auf dem Platz. Die Tauben fraßen nur unwillig, keine ließ sich dazu herab, sich auf ausgestreckten Händen niederzulassen. Warum auch, wenn so viele Körner verschüttet liegen.

Ich ging in den Gebetsgottesdienst in St. Martin in the Fields gleich am Trafalgar Square. Ein paar Touristen, ein paar Londoner, wahrscheinlich Leute, die aus einer Augenblicksstimmung wieder mal in eine Kirche gehen. Wir waren nicht viele, und der Gottesdienst dauerte nur eine halbe Stunde. Neben mir saß eine Frau, wir tauschten ein halbes Lächeln. Ich hätte sie gern etwas gefragt, nur was sagt man, wenn man soeben »für alle, die in Not sind« und »daß unser Herz nicht verhärtet« gebetet hat. »Madam, ich bin in Not«, wäre unangemessen. Den Pastor, der am Ausgang (»Bitte kommen Sie wieder.«) jeden verabschiedet, will man nicht inkommodieren. Die Gemeinde ist berühmt für ihre Sozialarbeit und für die Obdachlosenhilfe, aber es wäre heuchlerisch, solche Bereitschaft zu nutzen. Zudem ging's mir noch gut.

Inzwischen war es zu spät für die Nationalgalerie, da hätte ich wirklich Stunden bei den alten

Holländern verweilen können. Ich war viel herumgelaufen und dachte, ich sollte mich mal wieder ausruhen, also ging ich ins Savoy, das Luxushotel am Strand, hatte dazu den Schlips umgebunden. Nirgendwo wird man weniger behelligt als im Foyer des Savoy. Ich fand einen bequemen Sitz unterm Kronleuchter im Vorraum zum Restaurant. Einzelne warteten auf ihre Dinner-Partner, mit denen sie anderer Leute Wochenlohn verzehren würden. Was hätte Felix Krull aus einer solchen Situation gemacht. Bei leichter Klaviermusik fiel mir nur der zweitklassige Film ein, der jedem vertraut ist. So ähnlich muß es sein, wenn man »on the run« ist, auf der Flucht vor wem auch immer. Ich dachte mich in ein Szenarium, einen Allerwelts-Plot: Du bist entkommen, doch weder die Polizei noch die anderen dürfen dich finden.

Nur mal so dahingedacht: Wer würde mich vermissen außer der Katze, und Katzen überleben irgendwie. Sie würde sich einschmeicheln bei Nachbarn, würde uns bald vergessen haben, ist ohnedies immer so beleidigt, wenn man sie einen Tag alleingelassen hat. Und meine Frau ist gerade in Deutschland bei ihrer kranken Mutter, meine Tochter in Ferien in Frankreich. Und die Zeitung, ach was, die Zeitung …

Später bin ich in einem Pub herumgestanden, dem Red Lion, und hatte erstmals Hunger. Nicht überwältigend, es war beruhigend zu wissen, daß man nicht in die Lage dieses Jungen käme, der draußen von einem Papierkorb zum anderen hinkte und nach Eßbarem suchte. Er fand ein

Pizzasegment. Selbst in diesem Pub zu stehen, brauchte auf Dauer irgendeine Legitimation. Die ergab sich, als ein Paar seinen Platz am Fenster verließ. Das Bier trinkt jeder aus, noch halb im Weggehen. Aber die Frau hatte ein Viertel Glas Gin and Tonic stehen lassen. Das habe ich adoptiert und mich daran festgehalten und nicht leer werden lassen. An einem Nachbartisch standen ein paar Deutsche und einer erzählte, was sich neulich an der Ampel im heimatlichen Celle zugetragen hatte.

Als die Vorstellungen in den Theatern an der Shaftsbury Avenue aus waren, kam Leben auf in den Straßen. An einer Ecke stand ein Mann mit seinen Freunden und pickte Pralinen aus einem Pralinenkasten. Halb im Vorbeigehen und halb scherzhaft, fragte ich, ob ich eine probieren dürfte. »Feel free«, sagte er, es war köstliche belgische Schokolade. Es wurde später, war aber noch immer verdammt früh. Und ich bin zu Geld gekommen. Ich hatte telephoniert (man hat eine Charge-Card und muß nur eine lange Nummer wählen für »ein Amt«, und die Gebühr wird der häuslichen Telephonrechnung zugeschrieben), das wollte ich mir nicht versagen. Aber nur um den Nachrichten-Ansagedienst zu hören: es hätte ja sein können, daß irgendeine Katastrophe passiert wäre. Wenn man aufhängt, faßt man automatisch ins Münzfach, und, ich weiß es klingt unwahrscheinlich, da fühlte ich die Pfundmünze. Auf eine absurde Weise fand ich das selbstverständlich.

Plötzlich hatte ich Geld. Wenn man nichts hat,

sind 2,40 Mark viel, auch wenn man nicht weit damit kommt, des Nachts in London. »Can you spare some change?« fragte die junge Frau. Sie guckte kaum hoch und hatte eine so abgrundtief hoffnungslose Stimme. Ich bin weitergegangen, sie wandte sich dem Nächsten zu. Sie ging vornübergebeugt. Sie trug Turnschuhe. Sie sah aus, als hätte sie nie bessere Tage gesehen. Ich blieb hinter ihr und habe einen Bogen geschlagen, um ihr entgegenzukommen, und gab ihr die Münze. Sie war dankbar und versuchte es weiter.

Es war unterdessen halb eins am Piccadilly Circus. Ein schwarzer Gitarrist, ein talentierter Entertainer, animierte ein ausgelassenes Publikum, das dankbar in Gassenhauer einstimmte, »I just call to say I love you«. Ein Paar tanzte in dem Halbkreis, alle gaben gern und reichlich, warfen Münzen aus der zweiten Reihe in seine Richtung, und ein Punk sammelte sie auf und legte sie in den Gitarrenkasten. Als der Sänger seine Vorstellung beendet hatte, verliefen sich die Leute.

»Und wo kommst du her?« fragte einer, der neben mir gestanden hatte, und als ein Gespräch entstand, wurde klar, daß er nicht nach Hause gehen wollte. So traf ich Sean, der mich durch die Nacht bringen sollte. Ich habe ihm gleich gesagt, daß ich keinen Penny habe, und er sagte, das mache nichts, und wir aßen einen Sandwich in einem Nachtcafé. Sean trug zur schwarzen Jacke eine schwarze Hose und ein kragenloses Hemd, das noch nach vielen Stunden weiß wirkte. Er war schwarzhaarig und etwas hager und hatte ein nervöses Lachen. Morgen früh würde er unrasiert wirken. Nächste Woche, sagte er, würde er mit der Fähre nach Holland reisen und dann durch Frankreich und Deutschland. Er sei ein Poet, »einer der großen ungedruckten Poeten«. In einer Plastiktüte trug er ein billiges Taschenbuch von Jack London, neue Boxershorts, eine Tube Schuhcreme.

Wir trotteten durch Soho, von einem Nachtcafé zum nächsten. Sean erzählte von einer Frau, die auf ihn wartete, von seinem Bruder, der ein reicher Anwalt in London sei, aber seit seiner Heirat sei er nicht mehr ansprechbar, und von einer anderen Frau, die er selber beinahe geheiratet hätte. Soho sei ein sicherer Ort bei Nacht. »Du kannst hier alles haben«, sagte er, und wies über die Straße, wo eben ein Deal vollzogen wurde. Die Szene sei nicht aggressiv. Morgen werde er nach Holland fahren und dann nach Thailand, da könne man für tausend Pfund ein Jahr lang leben. Er sei heute nach London gekommen, »to sign on«, sich arbeitslos zu melden. Was denn einmal sein richtiger Job gewesen sei? »Hatte nie einen. Es gibt drei Arten von Menschen: die einen verlassen die Schule und finden einen Job, das ist die Arbeiterklasse. Die anderen suchen nach dem Studium vergeblich, das ist die Mittelklasse. Die dritten schließlich suchen nie und wollen keinen, das ist die wahre Aristokratie.«

In einem Nachtcafé an der Frith Street aßen wir noch einmal, nichts Großartiges, nur was Sean sich leisten konnte. Er erzählte von einer Wohnung, die er vermietet hatte, und wo sein Freund, er ist Franzose, jetzt lebte. Zwischendurch kam er auf Autoren zu sprechen, die er besonders schätzte, Arthur Miller sei überhaupt der Größte. Manchmal fehlte ihm der Name zu einem Zitat, manchmal wußte er nur den Namen, aber das Zitat kam nicht zusammen. Er würde demnächst nach Irland fahren, in County Cork gebe es ein Sommerhaus der Familie, da würde er schreiben. Was ich als Deutscher denn von Nietzsche hielte.

Unter der Erosfigur am Piccadilly Circus, dem Engel mit dem Pfeil, trennten wir uns. Wenn ich ehrlich bin, sah ich mich nicht imstande, Sean in mein richtiges Leben zu ziehen. Ich würde seine Freundlichkeit, sagte ich zum Abschied, an jemand anders weiterreichen. »Sieh zu«, sagte er, »daß er es wert ist.« Ich ging wieder durch die einsame Stadt, über den leeren Trafalgar Square ohne Tauben, durch Whitehall, dann zur Themse. Die Brücke am Unterhaus, Westminster Bridge, hatte überhaupt nichts von der Romantik, die der Dichter William Wordsworth (»Earth has not anything to show more fair«) hier gespürt hatte. Man konnte nämlich den Fluß kaum sehen, weil auf und an der Brücke gebaut wird. Und wer sich ins Wasser stürzen wollte, müßte so viel Energie aufwenden, um die Verschalung zu überwinden, daß hinreichend Zeit bliebe, alles nochmal zu überdenken.

Dies ist die Stunde der Panik. Es ist völlig unsinnig, wo ich doch diesen Versuch jeden Moment abbrechen könnte. Wenn nun aber, gerade jetzt und warum nicht jetzt, deine Frau oder deine Tochter daheim anriefen, denen du nichts gesagt hast, oder jemand, den du seit Jahren nicht gesehen hast, würde sich gerade in dieser Nacht deiner erinnern. Es wäre wie Verrat, so wie du Sean verraten hast ...

Dann beschloß ich, mich auf den Weg nach Euston Station, einem der großen Bahnhöfe, zu machen, einfach, um ein Ziel zu haben. Auf der Charing Cross Road, tapp-tapp-tapp-tapp, kam jemand hinter mir her, und eine junge Frau fragte, ob ich an Gesellschaft interessiert sei. Ich war an nichts mehr interessiert als an Gesellschaft, aber ohne jeden Service, und sagte deshalb, nein danke. »Sind Sie sicher?« Ich bin sicher. »Ganz sicher?« Ganz sicher. Morgens kurz vor fünf waren die Straßen immer noch leer. Zwei Polizisten hatten einen jungen Menschen angehalten, der ihnen nicht gewachsen war. Er versuchte vergeblich sich freizureden. »Ich werde Sie jetzt durchsuchen«, sagte der jüngere Polizist, »Sie werden jetzt Ihre Arme heben und ich werde Ihre Taschen durchsuchen.« Ich ging weiter und sah die drei Gestalten noch bei jedem Umdrehen, bis sie sich auf das Polizeiauto zubewegten, aber da war ich schon ein paar hundert Meter entfernt.

Im stillen Bahnhof von Euston ruhten Rucksacktouristen in ihren Schlafsäcken. Ich döste eine Stunde, vielleicht zwei im Sitzen, bis mich einer weckte: »Can you spare some change?« Künftig werde ich bei jedem Gang in die Stadt zwei Pfundmünzen bereithaben, sie dem Erstbesten geben und danach jeden ignorieren. Ein Rentner setzte sich neben mich, hatte sich einen heißen Tee geholt, schlürfte wohlig und fing gleich an zu erzählen. Daß das Land vor die Hunde ginge, daß die U-Bahn-Arbeiter recht hatten zu streiken, daß der Premierminister ein anständiger Kerl sei, daß das Geld immer weniger wert würde, daß er gestern 100 Pfund von der Bank geholt habe und jetzt seien noch 25 übrig. Dabei trinke er gar nicht, »ich bin auf Tabletten seit meinem Unfall«, sagte er und zog das Hosenbein hoch, um die Narben vom Unfall zu zeigen. Ob ich auch einen Tee möchte? Als er gegangen war, nahm ein Banker im Nadelstreif seinen Platz, die Financial Times lesend, aber nur die Stellenanzeigen, und ich dachte, na, ob dein Job wohl sicher ist.

Die Zeit verstrich am Morgen schneller. Als die Galerien öffneten, schaute ich mir in der National Portrait Gallery das neue Portrait der Königin an und klärte eine griechische Studentin über die Kontroverse auf, die das Gemälde provoziert hatte. Am Leicester Square verteilt einer Handzettel für »Marcos, Italiens Seele im Herzen Londons«, ein Frühstück (»Coffee & Croissant«) anbietend für 1,25 Pfund. Wenn ich das schon nicht bezahlen kann, denke ich, will ich lieber auf ein Luxus-Frühstück verzichten. Ich schlenderte Piccadilly hinunter zum Ritz, um festzustellen, ob man nach dieser Nacht die Gesichtskontrolle in einem berühmten Hotel passiert. Ich finde einen tiefen Sessel mitten im Luxus und kann einen Moment übers Leben nachdenken. Ich habe nichts erlebt, nur Sean getroffen. Was er jetzt wohl macht? Ich wünsche ihm Gutes.

»Was kostet bei Ihnen das Frühstück? Ich frage mich, ob ich mir das leisten kann.« Wenn die

Dame am Eingang zum Restaurant überrascht ist, zeigt sie es nicht. Es ist zwölfmal teurer als bei »Marcos«, und ich danke, »vielleicht ein anderes Mal«, und gehe meiner Wege. Ich nehme mir vor, mir demnächst Nachmittagstee im Ritz zu gönnen.

Was ich mir wirklich wünschte: Sean einzuladen zu einem Fünf-Uhr-Tee, dann würden wir alles durchsprechen, würden ernsthaft überlegen, was er denn mit seinem Leben anfangen könnte, (und nicht diese Flausen mit dem schnellen Geld, das man angeblich mit einer Thailand-Reise machen kann), aber Sean werde ich nicht wiedertreffen. Dafür werde ich heute noch die Katze sehen, werde mit meiner Frau telephonieren, vielleicht wird Johanna anrufen. Und die Zeitung, die Zeitung sowieso ... Der Rest des Vormittags dehnte sich, aber ich wollte ihn auch noch mit Anstand hinter mich bringen. Mittags um zwei traf ich meinen Freund wieder. »Wie ist es dir ergangen?«

Audienz beim Herrn des Tees

Seit einem halben Jahrhundert dient Michael Twomey im Ritz

Manchmal möchte man sich was Gutes gönnen, so ganz außer der Reihe, was sonst nur Touristen sich leisten, und dann nimmt man seinen Tee im Ritz. Es wäre wohl noch stilvoller, eine ganze Nacht in so einem Hotel zu verbringen, vielleicht zum Hochzeitstag, aber das wäre dann doch zu aufwendig, weil man für den Preis fast ein Wochenende nach Nizza fliegen könnte. Jedenfalls haben wir es dieser Eingebung zu verdanken, die Bekanntschaft von Michael Twomey zu machen, der uns für eine Stunde oder so das Gefühl vermittelte, den Luxus der Besserverdienenden zu genießen.

Fünfzig Jahre ist Michael Twomey, der Chefkellner im Palmensaal des Ritz, nun dabei. Er ist als sehr junger Mensch aus dem ländlichen Irland, einem Dorf in der Grafschaft Cork, herübergekommen und hat den Arbeitgeber niemals gewechselt. Er stammt aus einem dieser bitterarmen Landstriche, hatte früh den Vater verloren, war mit zwölf das letzte Mal in der Schule, als die Mutter viele Kinder bei den Großeltern zurückließ, weil sie im fernen London etwas verdienen konnte. Als Junge mußte er zwei Meilen laufen, um die Milch für den Tee zu holen, und das auch nur, wenn etwas Geld da war. Der junge Michael hat auf einer kleinen Farm gearbeitet, aber es war die Zeit, als Irland seine Kinder nicht ernähren konnte. Eigentlich wollte er in England auch wieder auf eine Farm, aber Mutter hatte die Idee, im Ritz vorzusprechen und da haben sie ihn als Liftjungen genommen.

Das war aber nur der Gepäcklift, den er bedienen durfte, und später, nach seiner ersten Beförderung, als er Hilfskellner wurde, hat er auch nicht den Gästen, sondern den Kellnern aufgewartet. Es gab zwei Kantinen fürs Personal, eine für die Avancierten – die Oberkellner, die Oberportiers, die Oberköche – und eine fürs Gesinde. Die Klassenunterschiede im Souterrain bei den Bediensteten – »es war eine typische Up-stairs-down-stairs-Situation«, sagt Twomey nach einem halben Jahrhundert – sind längst Geschichte, aber er erinnert sich noch gut, daß er damals den Chefkellner nicht einmal anreden durfte. Was er vorzutragen hatte, mußte ein anderer Kellner übermitteln.

Als Michael Twomey 1948 in den Palmensaal versetzt wurde, da, wo traditionell auch heute noch nachmittags der Tee gereicht wird, war er so aufgeregt, daß ihm die Hände zitterten und sein erster Gast, er weiß den Namen noch, Commander Bristow, hat das Tablett selbst in die Hand genommen: »Mein Junge, du mußt ja eine verdammt harte Nacht hinter dir haben.«

Michael Twomey, in seinem makellosen Frack mit gestärkter Hemdbrust in weißestem Weiß, versteht es, zwischen vollbesetzten Tischen mit geradezu anmutiger Leichtigkeit zu schweben.

Und wenn er sich einem Gast zuwendet, ist er von gleichbleibender irischer Freundlichkeit, ein Diener ohne jeden Hauch von Servilität. Selbst das unentschlossene junge Paar, das er abweisen muß, fühlt sich nicht zurückgestoßen. Es sei leider ausgebucht, und im übrigen könnte es nützlich sein, beim nächsten Versuch auf Jeans zu verzichten. Tee im Ritz ist ein Vergnügen, aber kein billiges, und dafür, daß der Palmensaal zur »tea time« so überfüllt ist, könnten die Sandwiches und die Scones exquisiter nicht sein. Leider steigt die Sterlingwährung neuerdings und da sind 18,50 Pfund eine ganze Menge.

Maßstäbe für Prominenz mögen durchaus unterschiedlich sein, und Michael Twomey hat in seiner Zeit viele kennengelernt, um deren Bekanntschaft man ihn beneiden möchte. Da waren ein paar große englische Autoren, die im Ritz zu Hause waren. Evelyn Waugh zum Beispiel hatte seiner ersten Frau, die sinnigerweise auch Evelyn hieß und die Tochter eines Lords war, beim Lunch im Ritz einen Antrag gemacht, der mit den Worten endete, »lassen Sie uns mal sehen, wie sich das anläßt«. Eine, wie sich erweisen sollte, abgewogene Bemerkung, weil das Paar drei Jahre später wieder geschieden war. Waugh, der zum Katholizismus konvertiert war, hatte seine liebe Not, die Ehe für ungültig erklären zu lassen. Um das Feld zu bereiten, man hatte ja seine Verbindungen, lud er einen Bischof gleichfalls ins Ritz zum Mittagessen am selben Tisch. Was Hochwürden wohl genehm wäre als Vorspeise? »Kaviar? Austern? Lachs?« fragte Waugh. »Gerne«, sagte der Bischof, »sehr gerne.« Und gönnte sich alles.

Einmal, sonntags nach der Messe, traf Waugh einen heruntergekommenen, unrasierten Graham Greene, der zudem auch ohne einen Penny war, weil er seine ohnehin ziemlich leere Börse gerade wieder in eine Sammelbüchse für irgendeine Afrika-Mission geleert hatte. Waugh schleifte Greene ins Ritz zum Cocktail und gab ihm noch einen Six-Pence, das Trinkgeld für den Mann an der Garderobe. Six-Pence ist längst abgeschafft, heutzutage soll es schon ein Pfund sein. (Die Einführung der Pfundmünze ist seinerzeit von der trinkgeldnehmenden Klasse freudig begrüßt worden.)

Später ist Graham Greene zu großem Erfolg gelangt, das war schon die Zeit, in der Michael Twomey ihn gekannt hat. Wenn er nach London kam, besuchsweise, hat er immer im Ritz gewohnt. »Er war ein sehr freundlicher Mann«, sagt Michael Twomey, »sehr zurückhaltend.« Dort hinten in der Bar habe er oft gesessen, manchmal vor sich hingeschrieben oder stillem Trunk ergeben. Die Bar im Ritz ist zeitweise seine Zuflucht gewesen. Hingegen ist Waugh kein angenehmer Mensch gewesen, aber dem Iren wird niemals ein abschätziges Wort zu seinen Gästen einfallen, und wären sie auch längst gestorben. In der Erinnerung des Kellners werden die Ruppigkeiten des Dichters zu verzeihlichen Marotten. »… es war wirklich nicht schlimm, er meinte es nicht so, es war eben so seine Art«. So als müsse man einem, der berühmt war, manches nachsehen.

»Wir sind ja ein kleines Hotel«, sagt Michael Twomey, als er nach einer Weile an unseren Tisch zurückkommt, weil er auch anderen das Gefühl geben muß, daß er für sie da ist, »129 Zimmer.« Früher, »in the old days« der guten alten Zeit, waren es noch weniger. Die wirklich reichen Reichen mit ihrer Entourage und eigener Dienerschaft okkupierten noch Extra-Zimmer für das mitreisende Personal. Neulich hat der Oberkellner einem Times-Reporter von den vergeblichen Bemühungen des Managements erzählt, das Ritz zu erweitern. »Man schrieb an Lord Wimborne, der nebenan im Wimborne-House lebt, ob er daran interessiert sei, zu verkaufen. Er schrieb zurück, daß er nicht daran dächte, aber falls das Ritz zu verkaufen sei: er wollte schon immer seinen Garten vergrößern.«

Beim Nachschlagen in der Geschichte des Hauses stellt man freilich fest, daß diese Episode seit den Gründerjahren immer neu nachempfunden wird. Das Ritz wurde 1906 von dem Schweizer Bauernsohn César Ritz – ein paar Jahre nach dem gleichnamigen Pariser Etablissement – mit Hilfe reicher Geldgeber gebaut und gilt seither als Inbegriff des Luxus. César Ritz hatte auch in den anderen wichtigen Londoner Hotels gearbeitet, aber als er das Savoy verließ, sagte König Edward VII: »Wo Ritz hingeht, gehe ich auch hin.« So weit kann selbst Michael Twomey nicht zurückdenken.

Und überhaupt mag sich ein bißchen leicht verwischen, was des Gentleman-Kellners ureigene Erinnerung und was gewissermaßen im kollektiven Gedächtnis des Ritz festgeschrieben ist.

Den exilierten König Zog von Albanien kann er noch gekannt haben, aber als der einzog, 1941, in eine Suite im dritten Stock, da war Twomey noch in seinem Dorf in Irland, lief strumpflos zur Schule und wußte nicht, daß es so etwas wie Hotels gibt auf der Welt. Trotzdem kennt er die Geschichte, wie bei der Ankunft des Königs Zog von Albanien der Kofferträger des Ritz stutzte wegen eines besonders schweren Gepäckstücks und fragte, ob sich darin denn Wertvolles befände. »Ja«, sagte Zog, »Gold.«

Mit ein bißchen Glück, zwei-, dreimal im Jahr, kann man heute noch der Königinmutter begegnen. Sie ist so alt wie das Jahrhundert, noch ein paar Jahre älter als das Ritz, und kommt manchmal zum Lunch vorbei. Sie gönnte sich ein Mittagessen, bevor sie sich ins Krankenhaus begab, sich ein neues Hüftgelenk einsetzen zu lassen. Sie ist dem Oberkellner Twomey immer der liebste Gast gewesen, »und wenn sie die Stufen heruntersteigt, dann stehen alle auf und klatschen«. Manchmal schaut die Königin selbst herein mit ihrem Mann, und in seiner Trotzhaltung gegen die öffentliche Meinung hat sich Prinz Charles einmal im Restaurant des Ritz mit Camilla Parker Bowles getroffen. Nach Dianas Tod sind die beiden freilich vorsichtiger.

Michael Twomey hat sie alle gesehen, und er hat ein gutes Gedächtnis, aber er plaudert kaum über Zeitgenossen. So wird er nie darüber reden, daß auch heutzutage in einem so feinen Haus, sogar in seinem Palmengarten, Halbseidene und Hochstapler sich treffen. Wie der angebliche französische Baron Pierre de Laitre, für den sich – das war in der Zeit, als Mr. Twomey noch ziemlich neu war – die Polizeibehörden mehrerer Länder interessierten. Der Playboy von Format residierte in einer Suite im zweiten Stock mit einer Gefährtin, die nicht Baronin war, und später nahm man an, daß sie einen Antrag von ihm zurückgewiesen hatte. Jedenfalls muß der Baron sie nach heftigem Kampf erwürgt, ihr danach ein paar Seidenstrümpfe in den Hals gestopft haben, um sich schließlich selbst zu entleiben. Vorher hatten sie noch Champagner getrunken.

Das ist lange her, und Michael Twomey verbeugt sich leicht, wenn er wieder von den alten Zeiten gesprochen hat. Er hat seinen Frieden mit sich und der Welt geschlossen, und in seiner Freizeit zieht es ihn inzwischen öfter mal nach Irland. Er spricht ein sanftes Englisch, und das Englisch der Iren aus dem Süden kann besonders einschmeichelnd sein. »I am the Grandee of Tea«, sagt er, und das ist mehr, als sich ein Junge aus County Cork vom Leben erwarten kann. Einem Gast, den er gerade verabschiedet, trägt er auf, ja nicht zu vergessen, beim nächsten London-Besuch wieder vorbeizuschauen. »Ich wäre sehr gekränkt, wenn Sie das vergessen.« Man müsse, sagt er, den Menschen etwas geben, wenn man etwas haben wolle. Und er entläßt uns mit irischer Volksweisheit: »Eine geschlossene Faust kann nichts annehmen.«

Die Garden Party der Queen

Ein Täßchen Tee bei 94 Grad Fahrenheit

Was ich meiner Lieblingsleserin, die England seit fünfzig Jahren kennt, der anglophilen Lotte Spinner in München, noch eben schreiben wollte, bevor sie in die Ferien fährt: wir waren bei der Königin eingeladen. Sozusagen. Wenn Sommer ist in London, bevor sie selbst auf ihr Schloß ins schottische Balmoral flieht und ihren Palast gegen Bezahlung von Touristen besichtigen läßt, lädt Elisabeth dreimal im Juli ein paar ihrer Untertanen und einige ausgesuchte Ausländer in den Garten des Palastes ein. Zur Garden Party, Nachmittagstee, nichts Aufwendiges. Das schien uns deshalb vielversprechend, weil wir immer schon einmal den Buckingham Palast ohne Gitter oder Mauer von der Rückseite sehen wollten.

So einen Sommer hatten wir lange nicht in London, der Sommer des Jahrzehnts, ganz gegen das Klischee vom regnerischen England. Und die Londoner sonnten sich im St. James's Park. Den Liebespaaren war es heiß, fast so heiß, daß sie sich vergessen hätten, wenn sie nicht englische Liebespaare wären. Auf der Mall in Richtung Buckingham Palast strömten die Menschen, und es war eine besonders britische Mischung. Zwischen Touristen in T-Shirt und Shorts und mit Gürteltaschen vorm Bauch mischten sich an diesem Mittwoch sehr formell gekleidete Paare. Sie hatten auf der Prachtstraße einen privilegierten Parkplatz gefunden, wo sie ausnahmsweise ihren Rover abstellen durften, und manche waren zur Feier des Tages im Daimler hergefahren oder hatten einen Rolls Royce mit Chauffeur gemietet.

Ein bißchen Stil möchte schon sein, weil nämlich, so steht es auf der Einladungskarte, der Lord Chamberlain, der oberste Kammerherr, von Ihrer Majestät angewiesen ist, Mr. und Mrs. Trevor Edmonds zur Garden Party, Buckingham Palace, zu bitten. So haben sich die Gentlemen für einen Nachmittag einen »Morning Dress« geliehen, was man in Deutschland wohl einen Stresemann nennt, wenn so was noch getragen wird, allerdings in Grau, mit grauem Hut und Weste. Wärmer kann man sich an diesem heißen Mittwoch nicht anziehen. Uniformen sind auch opportun, und dies ist eine der seltenen Gelegenheiten, da man Offiziere mitten in London wahrnimmt. Die halten sich schlank und aufrecht, werden aber dicker in höheren Rängen. »Lounge Suit«, dunkler Anzug, gilt als zweitbeste Lösung. Den Ladies ist nichts vorgeschrieben auf der Einladung, sie wissen natürlich was man trägt: Die Dame geht nicht ohne Hut, nichts zu Gewagtes, nicht wie beim Royal Ascot, dem Pferderennen. Eher wie zu einer Hochzeit in Surrey, bei der beide Partner nicht mehr ganz jung sind. Und Handschuhe? »Das ist den Damen selbst überlassen«, hat eine leicht frostige Sprecherin des Palastes gesagt, sehr bestimmt und keinen Zweifel lassend, daß sie selbst auf jeden Fall Handschuhe tragen würde.

Was für eine Vorstellung. Daß man auf dem

Rasen des Gartens hinter dem Haus der Windsors flanieren würde, ungezwungen zwischen Landadel, einigem Hochadel und Royalty. Aber spätestens wenn man der endlosen Schlange am Palast gewahr wird – Einlaß ist um Viertel nach drei –, weiß man, daß doch ziemlich viele gebeten sind. Man genießt noch einen Moment die Verblüffung derer, die im T-Shirt stehenbleiben, immerzu knipsen, und es nicht fassen, daß man über den knirschenden Kies des Vorhofs im Palast verschwindet, bevor einem klar wird, daß man die königliche Einladung mit etwa achttausend Gästen teilt.

Sie bemühen sich um kollektive Würde, wenn sie über den Paradeplatz vor dem Palast schreiten, vorbei an den armen reglosen Jungens in dickem roten Tuch, deren Gesicht unter der Bärenfellmütze fast verschwindet. Man schreitet durch den Palast, ein Stück vom Innern sehen wir auch: einen Korridor und ein Antichambre, wenn das denn so heißt, einen Durchgangsraum von überflüssiger Pracht, mit viel Gold und Rot und mit viktorianischen Bildern von Viktoria und ihrem Albert, der aus Coburg kam, und von ihren Kindern, derer sich nur noch gelernte Royalisten erinnern. Zudem viel Porzellan, von dem sicher nie gegessen wurde. Es ist dekorativ aufgebaut hinter raumhohem Glas und ist von großartiger Nutzlosigkeit.

Und dann tritt man auf die Terrasse. Wie in einem Film: nirgendwo ist das alte Establishment optisch so präsent, jedenfalls nicht in solcher Zahl. Viele Leute, aber kein Gedränge, lauter isolierte Paare. (Manche mit Tochter, die Einladung gilt für Paare und unverheiratete Töchter zwischen 18 und 25.) Das Gras hinterm Haus ist kurz wie ein Fingernagel und könnte makellos sein wie der Rasen von Wimbledon bei Beginn des Turniers. Doch ist er fast braun, was für die Königin spricht, weil sie sich offenbar an die Empfehlung hält, wegen der Wasserknappheit die Gärten nicht zu sprengen. Da steht man nun herum unter lauter Leuten, die sich nicht kennen und sich noch weniger zu sagen haben, und wartet auf die Gastgeberin. Am besten wartet es sich an dem kleinen See unter alten Bäumen. Später sehen wir – kann das denn sein? – ein paar Flamingos am anderen Ufer. »Sie sind ganz rosa«, sagt uns einer, der schon mal hier war, »weil sie regelmäßig mit Krabben gefüttert werden.« Vielleicht mokiert er sich über den Ausländer.

An beiden Enden des Rasens unter einem offenen Zelt spielt die Musik: die Scots Guards und die Regimentskapelle der Fallschirmjäger. Sehr gedämpft, Aufregendes vermeidend. Ein bißchen Westside-Story, etwas aus Cats. Und um Punkt vier tritt sie aus ihrem Haus, die Königin, hinter ihr in respektablem Abstand Philip, ihr Mann, und ihr Sohn Charles. Die Scots Guards spielen die Hymne, die Elisabeth nun seit über vierzig Jahren täglich hören muß. Sie schaut ins Leere. Bei achttausend Gästen, wen soll sie da ansehen.

Von der Palasttreppe zum königlichen Zelt hat sich eine lang-gewundene Gasse gebildet. Gentlemen in Grau, die alle eine Nelke am Revers tragen und ihre zivile Uniform mit einem Stockschirm komplettieren. (»Waffe!?«, habe ich notiert, es muß unter all diesen Menschen doch auch ein paar Bodyguards geben, und ganz oben auf dem Palast, zweihundert Meter Luftlinie, sind wenigstens acht Figuren auszumachen, die lange Rohre aufgebaut haben.) Die Gentlemen in Grau also sehen darauf, daß keiner aus der Reihe tanzt. Was uns wirklich beeindruckt an den Hofbeamten: Sie schwitzen einfach nicht. Andere reiben sich übers Gesicht, aber deren Stirn bleibt trocken.

Man hat sich alles so gut gemerkt. Wenn ein Gast der Königin vorgestellt wird, senkt ein Mann den Kopf zur knappen, wiewohl respektvollen Verbeugung; schon an der Hüfte einzuknicken, gilt als unpassend. Eine Lady macht einen nicht zu tiefen Hofknicks. Und wenn die Gastgeberin zu einem spricht, dann wird man sie zuerst als »Your Majesty« anreden und danach »Ma'am« sagen, auf keinen Fall »Madam«, das schickt sich nicht. Solch Wissen freilich ist eitel wie Haschen nach Wind; die Aussicht, es anzuwenden, bleibt theoretisch. Dies mag, wie die Hofsprecherin sagt, ein Querschnitt durch die Bevölkerung sein, was sich so anhört, als redete der Premierminister von der klassenlosen Gesellschaft. Aber die Königin spricht dann doch nur mit denen, mit denen sie immer spricht, handverlesen von ihren Höflingen. Lords und Lord Lieutenants haben gute Aussicht, der ein oder andere Bürgermeister aus einer Provinzstadt auch, aber die Chance der Rot-Kreuz-Helfer und Bibliothekare, derer, die sich um Wohltätigkeitsorganisationen verdient gemacht haben oder um die Umwelt, bleibt gering. Sie sehen ihre Königin vorübergehen.

Die Gentlemen-Höflinge mit ihren Stockschirmen bitten Leute aus der Schlange, jeweils ein Paar, in die Mitte der Gasse, und die Königin, wenn sie mit jemandem geredet hat, geht einfach weiter und findet neue Gesprächspartner. Diese Auserwählten haben schon vorher einen Wink bekommen. »Mein Freund ist Buchhalter im königlichen Haushalt«, sagt einer auf die Frage, wieso sie gerade mit ihm gesprochen habe. Aber dann ist da ein älterer Herr, Veteran offenbar, gezeichnet von einer alten Gesichtsverletzung und ohne Augenbrauen. Einer der Höflinge verwickelt ihn und seine Frau in ein Gespräch und zieht die beiden dann diskret in die Mitte, um sie da abzustellen, wo Frau Königin sie zehn Minuten später ansprechen wird. So wird ein alter Mann glücklich, der seinen Enkeln nun erzählen kann, daß er mit IHR gesprochen hat. Er kann kaum wiedergeben, was sie gesagt hat, aber sie hat interessiert geguckt, als er ihr sagte, daß er aus Bradford gekommen ist. Majestät versteht sich darauf, das Gefühl zu vermitteln, daß sie im Augenblick nichts mehr interessiert als die Tatsache, daß jemand aus Bradford kommt. Oh ja, sie ist vor ein paar Jahren auch dort gewesen.

Elisabeth sieht aus wie eine Frau ihres Alters, die sich nichts daraus macht, daß sie jeden April ein Jahr älter wird. Sie trägt ein hellblaues Kleid, das unverwechselbar unmodisch geschmackvoll ist. Das Kleid hat man noch nie gesehen, weil sie nie dasselbe Kleid zweimal anzieht, und doch kommt es einem bekannt vor. Der Hut ist, wie all ihre Hüte; jeder nur einmal getragen. Es gibt immer mal Gerüchte, daß sie ihre Kleidung recycelt, aber keine Boulevardzeitung hat sie je dabei erwischt. Warum die weiße Handtasche so groß ist, bleibt eines der Mysterien der Monarchie, wo doch immer eine Hofdame in der Nähe ist, die all und jedes parat hätte, was Majestät je brauchen könnte. Hingegen leuchtet ein, wieso sie Handschuhe trägt trotz der Hitze, 94 Grad Fahrenheit, wie man hier noch immer die Temperaturen mißt. Sie muß so vielen die Hand geben. Sie reicht die Rechte zur Andeutung eines Händedrucks, und wenn das Gespräch beendet ist, deutet sie nur ein Lächeln an und geht weiter. Die ganze Zeit läßt sich Elisabeth nicht anmerken, daß doch auch ihr die Hitze zu schaffen machen muß. Hinter ihr schließt sich die Gasse, sie bleibt aber diskret abgeschirmt von den Herren mit der Blume am Revers und dem Stockschirm. Warum Frau Königin etwas mürrisch guckt, kann auch an ihrer Kurzsichtigkeit liegen, aber wenn sie lacht, ist sie die fröhliche Großmutter.

»Kann man sich eine Party vorstellen, wo die Gäste so unverfroren immer nur auf die Gastgeberin starren?« fragt sich eine sensible junge Lady. Aber das ist ja der Grund, weshalb sie alle hier sind. Und wo braucht eine Gastgeberin, die Tee im Garten trinken will, mehr als eine Stunde, um vom Haus zu ihrem Teepavillon zu kommen. Andererseits, wer hat schon einen Teepavillon. »Daß wir hier sind, ist sicher eine Art Belohnung«, sagen Mr. und Mrs. Trevor Edmonds. Sie sind am Morgen aus Sheffield angereist. (Manche kommen aus dem hohen Norden. In Schottland, wo die Königin nun sieben Wochen residieren wird, wird den Schotten eine Extra-Party gegeben). Die Edmonds sind von ihrer Behörde für eine Einladung vorgeschlagen worden. Sie wären nie auf die Idee gekommen, was ohnehin nicht möglich ist, sich um eine Teilnahme zu bewerben. Aber dann kam der Brief ohne Briefmarke mit der wappengekrönten Karte. Die zu ignorieren, »hätte unangemessen hochmütig gewirkt«.

Wir hatten uns beim Tee getroffen. Der Gast hat die Wahl, der Königin beim Teetrinken zuzuschauen, aus vierzig Meter Entfernung, wenn sie in ihrem offenen Pavillon spezielle Gäste empfängt, oder man kann sich auch selbst winzige Sandwiches und ein Loseley-Vanille-Eis und eine Tasse Tee holen. Oder eisgekühlten Kaffee. Man reiht sich ruhig ein im breiten offenen Zelt fürs gemeine Volk, und es geht eigentlich auch ziemlich zügig. Lediglich das Eis wird im Pappbecher gereicht, das Porzellan ist geschmackvolle Massenware (Modell »Elizabethan«). Früher hatten sie silberne Löffel mit dem Wappen der Windsors, aber seitdem nach einer Party ein paar hundert Löffel fehlten, muß rostfreier Stahl ausreichen, wappenlos. Seither hält sich der natürliche Schwund in Grenzen.

Wenn die Königin sich Punkt sechs, begleitet von freundlichem Klatschen, in den Palast zurückzieht, sind ein paar tausend Menschen in ihrer Loyalität zum Königshaus bestärkt. Müde verlassen sie den Garten, und auf der Mall haben sich die Gentlemen, die nun wieder Männer sind, der Jacke entledigt, und Damen tragen nicht nur ihren Hut, sondern auch die Schuhe in den Händen. Aber am nächsten Morgen werden sie die Hofnachrichten in der Times nachlesen: »The Queen and The Duke of Edinburgh gave an Afternoon Party in the Garden of Buckingham Palace. The Prince of Wales was present.«

Drei Stangen, zwei Hölzchen, ein Ball und viele Rätsel

Annäherung an die englischste aller Sportarten

Als Gary Lineker noch Millionen auf dem grünen Rasen verdiente, haben wir ihn in London einmal spielen sehen. Er war aber miserabel, weit entfernt von jeder Weltklasse und mußte nach wenigen Minuten, verlegen die Schultern zuckend, den Platz wieder verlassen. Man hatte ihn auch nur aufgestellt, weil es sowieso nicht drauf ankam. Was können diese sogenannten Deutschen schon, hatte der Trainer gedacht, da kann man auch ruhig einen Amateur nominieren. Denn wir waren bei Lord's, beim Cricket, und Gary Lineker, der an diesem Tag in seinem Hauptberuf als Balltreter trainingsfrei hatte, durfte in der XI des großen Marylebone Cricket Club als vierter Batsman antreten.

Das Ungewöhnlichste an diesem Cricketmatch war indes, daß über dem Pavillon am Spielfeldrand die schwarzrotgoldene Flagge wehte und daß die Gegner des berühmtesten Cricket-Clubs der Welt schwarzrotgoldene Streifen an ihren cremigweißen Pullovern trugen. Die Spieler des Teams mit den deutschen Farben hatten nämlich ein Turnier in der englischen Provinz gewonnen – gegen lauter Nationen, die auch nicht Cricket spielen können – und durften zur Belohnung nicht nur die Pullover behalten, die eine angesehene englische Wirtschaftszeitung gestiftet hatte, sondern zudem auf dem heiligen Rasen von Lord's spielen. Davon träumt der Cricketer. Daß freilich bei den Kontinentalen nicht einer war, der von Habitus oder Herkunft als Deutscher hätte durchgehen können, darüber haben die Veranstalter gelassen hinweggesehen. Es schlugen und warfen für Deutschland lauter Pakistaner und Inder und ein Australier war auch dabei. Was sie qualifizierte, war ein Wohnsitz in Deutschland.

Immerhin war das Turnier das einzige sportliche Ereignis im Rahmenprogramm der britischen EU-Präsidentschaft, und deshalb haben wir hinterher wieder einmal einen Anlauf genommen, dieses Spiel zu begreifen. War aber alles wie gehabt: eines Tages denkt man plötzlich, daß man nun mitreden kann, obwohl Cricket eigentlich nur zu verstehen ist, wenn man als Engländer geboren ist oder in einer der früheren Kolonien, ausgenommen die Vereinigten Staaten. (Die haben stattdessen ihr Baseball, das sie sogar ins Olympische Programm gemogelt haben.) Jeder Zugereiste vom Kontinent, der glaubt, dieses merkwürdige Cricketspiel durchschaut zu haben, stößt spätestens an seine Grenzen, wenn er es anderen Ignoranten erklären soll.

Das erste, was man als Ausländer über das Spiel gelernt hat, wenn sich denn jemand herabläßt, es zu erläutern, ist, daß Cricket nicht zum Spaß gespielt wird. Es ist »ein Kult und eine Philosophie, unerklärbar dem profanum vulgus, den Krämerseelen und den unsportlichen Intellektuellen«. Aus einer Zeitung in Boston (der alten Stadt in Lincolnshire) Anfang des Jahrhunderts, im Goldenen Zeitalter des Crickets, es gab derer drei, stammt diese Episode: »Papa, wozu ist die Ewigkeit da?« fragte ein englischer Knabe und erfuhr: »Um ein Cricketspiel von Anfang bis Ende zu sehen«. Cricket, stand damals in der *Times*, »ist eine eifersüchtige Geliebte, die nichts neben sich duldet«. Und Cricket zu spielen oder dabei zuzuschauen, nur zum Amüsement, soviel wissen wir schon, wäre dasselbe, als würde einer Sigmund Freud wegen der Witze lesen. Man muß nur einmal einen Cricketer nach den Regeln fragen, und wird dann gleich beschieden: Regeln gibt es beim Fußball, Cricket hat Gesetze.

Die Grundidee ist das Duell eines Bowlers gegen einen Batsman, eines Werfers also gegen einen Schläger. Wobei der Schläger mit dem Schlagholz drei kniehohe Stangen verteidigt, auf denen zwei Hölzchen querliegen, und je nachdem, wie kunstvoll der Batsman den Ball zurückschlägt, macht er seine Punkte, indem er zum gegenüberliegenden Mal läuft und wieder zurück. Das geht so lange, bis entweder das Wicket, das Mal gewissermaßen, fällt, oder ein vom Batsman zurückgeschlagener Ball von einem der elf Gegenspieler gefangen wird, die sich scheinbar planlos auf dem Rasen verteilt haben. Gary Lineker brachte es nur auf einen einzigen, lausigen Run – aber wir sehen schon, wie sich das Spiel einer Erklärung in schlichten deutschen Worten entzieht. Dabei gibt es noch immer Leute in England, mit denen man außer über ihre Arbeit oder das Wetter am besten über Cricket reden kann.

Nehmen wir nur den früheren Premierminister, der sich im Unterhaus gelegentlich Cricket-Metaphern bedient. Als John Major in einer populären Rundfunkserie gefragt wurde, was er neben Shakespeare und der Bibel als Luxus auf seine imaginäre einsame Insel mitnehmen würde, wählte er phantastischerweise das Oval, das zweitwichtigste Cricketstadion der Welt, das er sich in Originalgröße auf seiner Insel wünscht. Schließlich ist er in der Gegend am Oval aufgewachsen, einem eher proletarischen Viertel, wohingegen Lord's in dem vornehmeren Stadtteil St. John's Wood liegt. Lord's ist das Hauptquartier des MCC, des Marylebone Cricket Club, eines Clubs, in den man etwa so einfach eintreten kann wie ins House of Lords, das Oberhaus, mit dem der Club aber nur gemein hat, daß er fast ebenso viele Aristokraten in seinen Reihen hat. (Lord's hat seinen Namen, weil den Platz ein Weinhändler namens Thomas Lord im 18. Jahrhundert gestiftet hat.)

Wer dem Club beitreten will, braucht außer Referenzen zweier Mitglieder vor allem Geduld. Die Wartezeit wird noch immer in Jahrzehnten gemessen, deshalb hat nur eine Chance, wer als Sohn bei der Geburt nicht nur beim MCC, sondern auch gleich bei einer der teuren Privatschulen angemeldet wird, die Cricket auf dem Lehrplan hat. Nichts konnte den Hauptschüler John Major nach seiner Wahl zum Premierminister mehr gefreut haben als die Aufnahme in den MCC, vorbei an all den Tausenden, die vergeblich hoffen. Und nicht einmal auf der Fußballtribüne sieht man ihn so sonnig strahlen wie beim Cricketmatch, das er vom Balkon des Pavillon von Lord's verfolgt.

Der viktorianische Pavillon von der Größe und dem architektonischen Charme eines Kleinstadtbahnhofs ist der Platz, von dem aus die Mitglieder das Spiel verfolgen. Zwar dürfen Frauen heute in ihrer eigenen Liga spielen, aber als Mitglieder sind sie immer noch nicht zugelassen – die Königin ist die einzige, die manchmal vom Pavillon aus zuschauen darf. Vor ein paar Jahren haben die Gentlemen abgestimmt, das Ergebnis war eindeutig. »Es wäre völlig in Ordnung, Ladies zuzulassen«, erzählte ein Herr danach, »wenn man nur sicherstellen könnte, daß sie nicht reden.« Darauf wollte man es dann doch nicht ankommen lassen.

Dabei reden sie selbst ganz schön viel Unsinn, wenn der Tag lang ist und das Spiel sich hinzieht. Das kürzeste Spiel dauert neuerdings nur einen Tag, aber die wirklich wichtigen Test-Matchs, Länderspiele würde unsereins dazu sagen, gehen über fünf Tage. Wenn Pakistan mal wieder eine Serie gegen England gewonnen hat, dann dauern die Nachwehen lange an. Dann kann es sogar zu diplomatischen Verwicklungen kommen, wenn ein Cricketnationalspieler dem Gegner vorwirft, den Ball manipuliert zu haben, um ihm einen Effet zu geben, den der Batsman nur schwer einschätzen kann. In Wirklichkeit spielen die Engländer nicht mehr so gut wie früher, die nationale Cricketkrise zieht sich schon die ganzen neunziger Jahre hin, England verliert öfter und gewinnt selten.

Jedes Jahrzehnt hat seine großen Affären. In den achtziger Jahren war es ein verbaler Schlagabtausch des englischen Captain mit dem pakistanischen Schiedsrichter, und der Streit um harsche Worte kam sogar in den Parlamenten beider Länder zur Sprache. In den Neunzigern gab es die Affäre mit dem manipulierten Ball: Der Verdacht ging dahin, daß die Bowler den faustgroßen Ball während des Spiels absichtlich aufgerauht hatten. Gutachten wurden erstellt, welchen Effekt dies auf die Flugbahn haben kann. »Es entfaltet sich ein finsteres Bild von einer teuflischen Verschwörung durch Pakistan, mit der in einer tödlichen, illegalen Kriegsführung Englands Niedergang herbeigeführt werden soll«, kommentierte der konservative und cricketversessene »Telegraph«.

Doch gab es Zeiten, da war alles noch schlimmer. Bei jeder Staatsaffäre in der Welt des Cricket fällt das Stichwort »bodyline« (so wie bei den Krisen im Königshaus die Abdankungskrise von '36 zitiert wird). Noch heute geraten Australier in Wut, wenn die Rede auf den englischen Mannschaftsführer Gerald Jardine kommt, der seinen besten Werfer anstiftete, nicht auf das Wicket, sondern auf den gegnerischen Schlagmann zu zielen. Fast sieben Jahrzehnte ist das her, die Engländer gewannen die Serie, aber die Australier wurden als moralische Sieger gefeiert. Dabei ging es zwischen England und Australien bei diesem exzentrischen Sport immer nur um Asche, »The Ashes«.

Vor über hundert Jahren, nach einer Niederlage

gegen England, hatten ein paar Damen in Melbourne einen Wicket-Stab verbrannt und die Asche in einer Urne verschlossen, die heute noch vom MCC in Lord's verwahrt wird. Dort, im MCC-Museum, gibt es auch die andere Reliquie, den toten Vogel, ausgestopft und auf einen Cricket-Ball geklebt: »Dieser Sperling wurde in Lord's von einem Ball getroffen.« Menschen sind selten beim Cricket ums Leben gekommen, aber ein Tod hat Geschichte gemacht. Das war 1751, als Frederik Louis, den Prince of Wales, am Leicester Square ein harter Ball am Kopfe traf. Später bildete sich ein interner Abszeß, und ein paar Wochen später starb der Prinz in den Armen seines Tanzlehrers, was natürlich auch die Thronfolge änderte.

Seither neigen die Engländer dazu, dieses Spiel über Gebühr wichtig zu nehmen. »Die Schlacht von Waterloo«, soll der siegreiche Feldherr, der Herzog von Wellington, gesagt haben, »ist auf den Spielfeldern von Eton entschieden worden.« Was wohl so viel heißen soll, daß beim Cricket der Gentleman geformt wird, der sich auch im Felde tapfer bewährt. Manchmal schien es, als sei Cricket wichtiger als die Geschichte selber. Das Match, das stattfand an jenem Freitag, als der Zweite Weltkrieg ausbrach, wurde natürlich nicht unterbrochen. Aber als der Platzwart danach die Büste von Dr. Grace, dem größten Cricketer aller Zeiten, einpackte, da wechselten die beiden einzigen Zuschauer unvergeßliche Worte. »Haben Sie das gesehen, Sir?« fragte der eine. Antwort: »Ich habe es gesehen, Sir.« Darauf der erste: »Das kann nur Krieg bedeuten.«

An einem normalen Arbeitstag, wenn im Fernsehen ein Test-Match übertragen wird, wird ein Redakteur in einem Großraumbüro des »Guardian« immer ein Auge auf das TV-Gerät haben. Der Ton ist abgedreht, aber intuitiv gelingt es dem Europaredakteur doch, in entscheidenden Augenblicken hochzuschauen. Ein anderer Kollege macht gelegentlich abfällige Bemerkungen über das Spiel der englischen Oberklasse im Besonderen und das Britische Empire im allgemeinen, weil beides irgendwie zusammenhängt und ein ähnliches Schicksal teilt; nachdem es mit dem Weltreich, das nur noch in den Köpfen einer Minderheit existiert, zu Ende gegangen ist, ist das Mutterland auch in seinem ureigenen Spiel längst von den einstigen Kolonien eingeholt worden. Gelegentlich behaupten sich die Engländer wohl noch mal (Schotten spielen wenig, Waliser selten, Iren nie), aber eigentlich sind die Australier und die Inder besser.

Übrigens ist Cricket viel früher im olympischen Programm gewesen als das aus englischer Sicht völlig unverständliche Baseball, und natürlich sind die Engländer seinerzeit Sieger geworden. Das war 1900 in Paris, und für den unwahrscheinlichen Fall, daß eine englische Stadt doch noch einmal mit einer Olympiabewerbung erfolgreich sein sollte, wird Cricket wohl wieder ins Programm kommen. Baseball wird ja auch nur von einer Minderheit verstanden.

»Ich habe nur Beweise präsentiert«

»Herzlose Mörder, Plünderer und Verschwörer, wie die Welt ihresgleichen noch nicht gesehen hat …«

Der alte Mann saß mit dem Rücken zum Fenster an einem großen Schreibtisch, der überladen war mit Briefen und Büchern und Zeitungen. Über den geordneten Papierbergen ragte eine Plastikflasche mit Evian-Wasser. Der Blick durch die Lamellen der großzügigen Fensterfront ging auf die Bürotürme der Londoner City. Morgan House, die Niederlassung eines wichtigen amerikanischen Bankhauses, ist gleich um die Ecke von Threadneedle Street, wo die Bank of England steht. Lord Shawcross ist ein so alter Mann, so zerbrechlich und müde; man möchte eigentlich nicht, daß er aufsteht, wenn man zur Tür hereinkommt. Er tut es aber.

Vor einem Menschenalter ist dieser kühle Herr vom Jahrgang 1902, Hartley William Shawcross mit bürgerlichem Namen, einmal mächtig gewesen. In Nürnberg, in einem langen Jahr des Prozesses gegen die Hauptkriegsverbrecher Göring und andere, ist Sir Hartley Shawcross der britische Chefankläger gewesen und hat sein Bestes gegeben, zehn von ihnen dem Galgen auszuliefern. (Einer, Hermann Göring, ist dem Henker zuvorgekommen, ein anderer, Martin Bormann, war gar nicht da und ist in Abwesenheit verurteilt worden.)

Es wird ihm langsam etwas beschwerlich, ins Oberhaus zu gehen, »ich werde alt«, sagt er, und die einzige Rede, die der alte Lord dieses Jahr vor den Peers gehalten hat, hatte, wenn auch nur mittelbar, noch einmal mit Nürnberg zu tun. Sein Wort hat Gewicht bei den überwiegend älteren Damen und Herren, und im Juni hat er jenes Gesetz zu Fall gebracht – vorläufig zumindest –, wonach Kriegsverbrechen noch jetzt, ein halbes Jahrhundert später, angeklagt werden sollen. Die Briten hatten das Problem über all die Jahre ignoriert, und es war Margaret Thatcher, die sich dafür starkgemacht hatte, jene doch noch zu belangen, die Blut an den Händen haben und nach dem Weltkrieg irgendwo in Britannien untergeschlüpft sind. Weil es im Parlament bei dieser Gewissensentscheidung keinen Fraktionszwang gab, wurde es mit Stimmen quer durch die Parteien angenommen, aber von der Mehrheit der Lords abgeschmettert.

All die jungen Leute, so ging das Argument des Baron Shawcross, hätten keinen Schimmer von dem Problem, weil sie im Durchschnitt bei Kriegsausbruch gerade fünf Jahre alt gewesen seien. Wer sich auf so späte Vergeltung einließe, sagt er, würde die wichtigsten Prinzipien englischen Rechts untergraben. Und überhaupt, das sagt er aber nur gesprächsweise und nicht im Parlament, das Gesetz gehe »allein auf die jüdische Lobby zurück«. Die sei nämlich sehr ausgeprägt in England, und die Juden »empfinden sehr stark, was dies betrifft, weil die Opfer Juden gewesen sind. Und die Juden vergessen nicht.«

Dem Widerspruch eines Deutschen, der die Meinung Lord Shawcross' nicht teilt, begegnet der alte Mann mit Gelassenheit, nimmt ihn nicht einmal wahr als Widerspruch. Vor langer Zeit habe er einmal eine Rede gehalten, darüber, daß solche Verfahren ganz allein Sache der Deutschen seien, und wenn sie einfach aufgehört hätten, es hätte keine großen Prosteste gegeben. »Doch sie haben weitergemacht, ziemlich langwierig aber sorgfältig, ich will das nicht kritisieren.«

Der alte Mann fing von sich aus an, über das Unrecht der Alliierten zu sprechen. Das Bombardement von Dresden zum Beispiel sei nicht nur völlig unnötig gewesen, »es ist auch kaum zu rechtfertigen«. Nicht, daß die Deutschen nicht gewarnt gewesen wären. Churchill hatte gedroht, die Bombardierungen der englischen Städte hundertfach zu vergelten. Aber die Zerstörung Dresdens sei für den Kriegsausgang völlig unerheblich gewesen.

Hartley Shawcross, zu jung für den ersten und für den zweiten Krieg fast zu alt, ist nicht Soldat geworden: »Ich hatte das Glück davonzukommen.« Das ist für einen Engländer seines Schlages ein mutiges Bekenntnis, »ich bin keine sonderlich kämpferische Natur«. Bei Kriegsbeginn war er schon ein angesehener Jurist, hatte Karriere als Anwalt und Ankläger gemacht. Ein paar aufsehenerregende Mordprozesse hatte er gewonnen, für die Angeklagten gingen sie tödlich aus. Erinnert man sich nach all den Jahren an den ersten Menschen, den man an den Galgen gebracht hat? »Ich habe mir nie überlegt, ob einer recht hatte oder nicht, schuldig oder unschuldig war. Ich habe nur die Beweise präsentiert und den Fall durchgefochten.« Nein, er hat vergessen, wer der erste war. (Wir finden den Fall im Archiv: ein Mann in Lancaster im Jahr 1935 hatte seine Frau und die Hausgehilfin ermordet, zerstückelt, und die Leichen, in viele Päckchen aufgeteilt, weit weg in Schottland in einen Fluß geworfen.)

Aber berühmt geworden ist Hartley Shawcross als Attorney General, Generalstaatsanwalt. Er hatte, unmittelbar nach Kriegsende seine Parteizugehörigkeit zur Labour Party aktiviert, hatte sich zum Abgeordneten von St. Helens in Lancashire wählen lassen. Ein Ausspruch des Sir Hartley nach der Attlee-Wahl, »jetzt sind wir die Herren«, war für eine Weile in den politischen Zitatenschatz eingegangen, obwohl er eigentlich gesagt hatte: »Im Moment sind wir die Herren.« Für den Posten des obersten Anklägers war Hartley Shawcross gewissermaßen die natürliche Wahl des Nachkriegs-Premiers Clement Attlee. Denn der Attorney General muß nicht nur Abgeordneter sein, sondern auch zur Kaste der Königlichen Anwälte, King's Counsels (KC, heutzutage natürlich QC), gehören, der Elite der englischen Rechtspflege. Solche gab es kaum unter den Labour-Abgeordneten, Hartley Shawcross aber war schon mit 23 zum Barrister berufen worden.

In Nürnberg ist er, von George VI. geadelt, als Sir Hartley aufgetreten. Seine Anklage begann mit den berühmtgewordenen Worten: »Herzlose Mörder, Plünderer und Verschwörer, wie die Welt ihresgleichen noch nicht gesehen hat ...« Sir Hartley, eher klein von Wuchs, hielt sich sehr aufrecht, wenn er plädierte. Er hatte als Kind einmal einen Kletterunfall gehabt, bei dem die Wirbelsäule verletzt wurde. Und niemand hatte geahnt, daß der Mann, der stundenlang redete, unter der Robe ein Stützkorsett trug. Ein Zeitgenosse, der *Times*-Journalist Wickham Steed, hat das Auftreten des jungen Chefanklägers wie fürs Geschichtsbuch gewürdigt: »Er hat das Prinzip von Zivilisation an sich definiert.«

Wenn der alte Peer sich an Nürnberg erinnert, wird deutlich, daß er schon damals versucht hat, die Deutschen ohne Haß zu sehen, wenn auch die Sympathie vorübergehend verschüttet war. Schließlich war er selbst in Gießen geboren, wo sein Vater Anfang des Jahrhunderts an der Universität gelehrt hatte. Der war ein führender Goethe-Kenner und hat den ersten Teil des Faust übersetzt. Nach dem Ersten Weltkrieg sah der junge Hartley die Not in Deutschland, und bis heute sind ihm die Suppenküchen gegenwärtig. Seine Eltern, wiewohl englische Patrioten, hatten sogar eine Hilfsaktion für die geschlagenen Deutschen gestartet. Aber in Nürnberg war, rein professionell gesehen, für solche Gefühle kein Platz. Mit einem Anflug von Bedauern vermerkt der vormalige Ankläger, daß man wegen des Fraternisierungsverbots jeden kollegialen Kontakt mit den deutschen Anwälten, »von denen manche hervorragend waren«, vermied. Der Nürnberger Prozeß war notwendig und war ein Erfolg, da ist sich der Ankläger von damals immer sicher gewesen. »Der Prozeß ist kritisiert worden in späteren

Jahren, von Leuten, die es besser wußten. Aber die hatten die Umstände vergessen, wie sie bei Kriegsende geherrscht haben.«

Ein Fehler sei es nur gewesen, daß es bei diesem einen Versuch blieb, daß kein ständiger Gerichtshof etabliert wurde, wie er für Ziviles in Den Haag existiert. Der alte Lord Shawcross würde gern seine Erfahrungen einer neuen, möglicherweise ständigen Gerichtsbarkeit nutzbar machen. Margaret Thatcher, als sie noch auf der Höhe ihrer Macht zu sein schien, hatte die Idee zuerst aufgebracht, George Bush hatte sich angeschlossen: Saddam Hussein sollte vor ein internationales Tribunal gestellt werden. Seit die deutschen Nazi-Führer in Nürnberg vor Gericht standen, ist internationales Recht, Völkerrecht in zahllosen Fällen gebrochen worden, hat es kleinere und größere Kriege gegeben und alle möglichen Verbrechen gegen die Menschlichkeit. »Und meist sind die Schuldigen ungestraft davongekommen, weil es keine Institution gab, internationales Recht durchzusetzen.« Wie der Baron Shawcross dann noch einmal von Nürnberg erzählt, schiebt sich mitunter das Bild des irakischen Diktators vor das des dicken Deutschen, Hermann Göring.

Aber in Nürnberg war der gar nicht mehr so dick, die Uniform war viel zu weit geworden, »sie schlotterte an ihm herunter«. Für Göring, die Nummer Zwei im Führerstaat, hat der Ankläger von damals sich eine bemerkenswerte Hochachtung bewahrt. Die anderen, von denen die später schuldig Gesprochenen doch ebenfalls Herren über den Tod gewesen waren, schienen ihm jämmerlich nichtssagende Gestalten zu sein: »Wenn Sie die in einem Bus gesehen hätten, Sie hätten sich nicht nach ihnen umgeschaut – ... bis auf Hess, der sah verrückt aus und der war verrückt.« Göring hingegen, in der Erinnerung seines Anklägers, war von anderer Statur. »Er hatte eine gewisse Würde. Er muß von Anfang an gewußt haben, daß er sich umbringen würde und daß er den Henker überrumpeln würde.« Er sei immer voll präsent gewesen, und wenn mal was schief ging, wie das wohl vorkam, wenn ein Zeuge anders aussagte als die Anklage erwartet hatte, »dann hob er die Augenbrauen, und wenn man Blickkontakt mit ihm hatte, dann mußte man aufpassen, nicht mit ihm zu lachen«. Lord Shawcross lacht selber, das erste Mal während des Gesprächs, er lacht ganz lautlos, ohne die Stimme zu heben. Einer der Richter, Norman (später: Lord) Birkett, habe privat einmal eingestanden, daß dieser Göring kraft seiner Persönlichkeit das Verfahren hätte beherrschen können.

An dem Tag, als die Urteile vollstreckt wurden, waren Shawcross und Birkett auf dem Luxus-Liner Queen Elizabeth auf dem Weg nach New York, als UNO-Delegierte. Birkett war sehr aufgebracht, bei der Nachricht, daß Göring Zyankali geschluckt hatte. »Er beklagte, daß er der ›Gerechtigkeit entgangen‹ sei, aber ich sagte: Glück gehabt. Er war schuldig. Er war tot. Und Hängen war eine unangenehme Angelegenheit.« Die große Autorin Rebecca West hat die Unfähigkeit des amerikanischen Henkers beschrieben, der die Delinquenten auf eine Weise zum Tode brachte, wie die Nazis es hätten tun können. Ribbentrop habe zwanzig Minuten gebraucht.

Lord Shawcross ist gegen die Todesstrafe, immer schon gewesen. Aber er sieht keinen Konflikt, er hat ja nicht die Strafen ausgesprochen, sondern nur auf schuldig plädiert. Andererseits gibt es Tode, die den Nachgeborenen als besonders unsinnig erscheinen müssen – auch wenn sie zu ihrer Zeit juristisch gerechtfertigt gewesen sein mögen. Einen Mann namens William Joyce hat Sir Hartley im Jahr nach dem Krieg an den Galgen geschickt. Dieser Joyce, geboren in Brooklyn, also von Rechts wegen Amerikaner, war als Junge mit seinen Eltern nach England gekommen. Er hatte sich später einen britischen Paß erschwindelt, indem er einen falschen, englischen Geburtsort vorgab, hatte eine belangslose englische Nazi-Partei gegründet, war aber vor Kriegsbeginn nach Deutschland emigriert.

Von Hamburg aus, im Krieg der Worte, der den Schieß-Krieg begleitete, wurde seine Stimme nach Britannien ausgestrahlt. Joyce war wichtig für die Deutschen, weil sie sonst niemanden hatten, der das arrogante Englisch der Oberklasse bis zur Kabarettreife beherrschte, und zeitweise müssen seine Greuel- und Bluffgeschichten in England tatsächlich für Verwirrung gesorgt haben. »Es war ganz unglaublich, was er alles zu wissen vorgab«, erzählte uns eine Freundin, jener Zeiten gedenkend, und Lord Shawcross erinnert sich noch, daß auch er Joyce im Rundfunk gehört hat, und daß er ihn einerseits lächerlich fand, aber andererseits verstört gewesen ist, »besorgt, meine ich, durch diese Propaganda«.

Die meisten Briten hatten jedoch diesen Joyce mit seiner komischen Upper-Class-Aussprache komisch gefunden, sie nannten ihn »Lord Haw-Haw«. »Ob er so viel Schaden angerichtet hat, daß es gerechtfertigt war, ihn zu hängen? Nun ja, das ist die einzige Strafe für Verrat, und Verrat war es.« Lord Haw-Haw hat das nicht einsehen wollen. Wie sollte er, so lautete sein wichtigstes Argument, als Amerikaner Britannien verraten? Aber Sir Hartley hat den Fall durchgefochten: William Joyce hatte, wenn auch zu Unrecht, einen britischen Paß, der galt bis Juli 1940, und das machte genau neun Monate Verrat. Heute noch, so lernen wir von dem Juristen Shawcross, steht auf Verrat die Todesstrafe, die doch für alle anderen Delikte abgeschafft ist.

Als Anwalt war Sir Hartley berühmt, als Ankläger gefürchtet. Als Politiker ist er ziemlich erfolglos gewesen. Auf die, zugegeben, harmlose Frage, welches sein glücklichster Moment in der Politik gewesen sei, resigniert der alte Mann: »Ich glaube nicht, daß es da einen glücklichen Moment gegeben hat.« Der Mann, der fast ein Star war zu seinen besten Zeiten, »der glücklichste Mann in der ganzen Justiz«, wie man ihn nannte, »the luckiest man at the bar«, elegant, wohlhabend, mit einer Jacht auf dem Meer und einem elisabethanischen Herrenhaus in Sussex, einem schönen Stück England, hat seinen eigentlichen Lebenstraum doch nicht erfüllen können. Nach seiner Zeit als Generalstaatsanwalt wurde er für kurze

Zeit Industrieminister im Kabinett Attlee, und kam bald zu der Überzeugung, daß Labours sozialistische Ideen nicht funktionierten. Außenminister wäre er gern geworden, aber da war schon einer, der es werden wollte, und der war sein Freund, hatte ihn in die Politik geholt. Das Amt wurde für ihn zum Desaster, kaum jemand erinnert sich daran, daß Herbert Morrison für sieben Monate Außenminister gewesen ist. Er hatte den Posten akzeptieren müssen, wollte er seine Chance wahren, Parteiführer zu werden. Was er dann aber auch nicht wurde, weil er gegen Hugh Gaitskell unterlag. Für Lord Shawcross, der sich nicht beklagt darüber, kam die Gelegenheit nicht wieder.

Er löste sich von der Partei, der er schon als Junge von sechzehn angehört hatte. »1958 trat er als Abgeordneter zurück, nachdem ihn die kleinliche Opposition der Labour Party immer mehr verärgerte«, lesen wir in »Chambers Biographical Dictionary«, aber im Lauf der Jahre muß sich das wohl verklärt haben. Nein, es habe keine Bitterkeit gegeben, er habe sich einfach nach und nach zurückgezogen. Dabei war er schon in frühen Jahren ein eher gemäßigter Sozialist gewesen, zu einer Zeit, als das Wort Sozialdemokratie in England noch nicht geläufig war. Er ist gegen die Nationalisierung eingetreten, als das in der Labour Party noch ziemlich unpopulär war, weil die Verstaatlichung »eine riesige Bürokratie kreieren würde« mit chaotischen sozialen und ökonomischen Folgen.

Da war er doch ein zu unabhängiger Geist auf

Labours rechtem Flügel, was in jenen Jahren hinderlich war. Die Lordschaft auf Lebenszeit verschaffte ihm ein konservativer Premier, Harold Macmillan, und nun sitzt er seit drei Jahrzehnten bei den Unabhängigen im Oberhaus. Der kurze Flirt mit den Sozialdemokraten des David Owen hat sich von selbst erledigt, die Partei gibt es nicht mehr.

Er hat, nach seinem Ausscheiden aus der aktiven Politik und dem Rückzug aus der Justiz, Dutzende von Posten gehabt, gutbezahlte, für die man sich einen Lord holt, der zudem Jurist ist. Er hat in den Board-Rooms der *Times* und des *Observers* gesessen, war Vorsitzender des Presserats und der staatlichen Übernahme-Kommission, und für die Morgan Bank ist der Lord jetzt seit 25 Jahren tätig. Er hatte einen einflußreichen Bankmenschen kennengelernt, der ihm einen Beraterposten anbot, und seither hat er ein Büro bei der Bank in der City.

Eine Zeit lang schrieb er dem Vorstandsvorsitzenden jährlich einen Brief, in dem er sein Ausscheiden anbot, bis dem Chef das lästig wurde und er die weise Regel festlegte: »Der Vorsitzende geht mit 60 Jahren in den Ruhestand, normale Bankdirektoren mit 65 und Lord Shawcross mit 90.« Das hat sich inzwischen auch überlebt. Ein neuer Vorstands-Chef hat die endgültige Shawcross-Regel festgeschrieben. Der Alte soll nun mit hundert ausscheiden. Wie er das erzählt, da lacht der Lord zum zweiten Mal.

Streiflicht

Einer kommt nie mehr ins Oberhaus. Diese Woche sind wir mal wieder dagewesen, nicht nur wegen Maastricht, sondern auch um zu schauen, ob wir ihn nicht doch entdecken. Weil nämlich die Tories so desperat jeden herangeschafft haben, der irgendwo im schottischen Hochland seit Jahren nur noch das Moorhuhn gejagt hat, statt mal zum House of Lords zu reisen. Der siebte Lord Lucan aber, dessen Vorfahren sich als Feldherren verdient gemacht hatten, ist auch zwei Jahrzehnte nach seinem Verschwinden nicht aufgetaucht. Er ist vielmehr untergetaucht, wahrscheinlich im Kanal vor den weißen Klippen von Dover, seit ihm das Mißgeschick passierte, die Nanny seiner Kinder zu erschlagen. Dabei hatte er gar nichts gegen sie, hatte sie im Dunkeln nur mit der Lady verwechselt. Früher hätte das nicht so viel ausgemacht, im Gegenteil, mancher hat es zum Grafen gebracht, weil er mehr als andere totgeschlagen hat.

Wenn man da oben sitzt auf der Tribüne fürs gemeine Volk, dann kann man sich gar nicht sattsehen an so viel Glanz und Glittergold. Der Raum ist majestätisch, geradezu wahnsinnig überladen mit allerlei Schnitzwerk und lebensgroßen Bronzemännern, Glasfenstern wie in einer Kathedrale und Wandbildern von schrecklicher Schönheit. So hat sich das viktorianische England das Mittelalter vorgestellt. Als der niedergebrannte Palast von Westminster wiederaufgebaut wurde, kam nachgemachte Gotik heraus, in der die ältesten nichtgewählten Parlamentarier der Welt ihren Geschäften nachdösen. Die überwiegend betagten Herren und ein paar Damen haben es auf langen roten Ledersofas bequem, bis auf einen, der thront auf einem roten Wollsack.

Lady Thatcher schaut manchmal herein, agiert wie in alten Tagen, und heißt das Unterhaus, dessen Name hier tabu ist, nur noch »den anderen Platz«. Ein paar Vorgänger hat sie da wiedergesehen: den alten Callaghan, den gebeugten Wilson und sogar, ganz gelegentlich, den fragilen Lord Home. Daß es den noch gibt, neunzig ist er gerade geworden.

Dieses Haus ist eine Zeitkapsel. Es ist auch, wie Tony Benn, selbst Sohn eines Lords, zu urteilen pflegt, die »Äußere Mongolei« für pensionierte Politiker. Aber die meisten, die da sitzen, sitzen da, weil ihre Väter und deren Väter da gesessen haben. »Wie mein Vorfahr schon 1620 gesagt hat«, begann Lord Spencer neulich eine Rede, in der es darum ging, wie seine Lordschaft die Plebejer auf Distanz hält, damit sie ihm nicht den Park zertrampeln. »Sie brauchen nicht einmal ein Gesundheitszeugnis«, spottete Lloyd George über die Lords, »nur eine Geburtsurkunde, um zu beweisen, daß sie die ersten im Wurf waren. Nach diesem Prinzip würde ich nicht einmal einen Spaniel aussuchen.« Deshalb hat er Titel, die der Monarch auf Geheiß des Premiers verteilt, meistbietend verhökert. Ist später selber Graf geworden, sein Enkel ist der dritte Lord Lloyd George. Adel verpflichtet zu gar nichts.

Der dichte Nebel der Freiheit

Auf der Suche nach dem Londoner East End und seinen Juden

Manchmal stromert William Fishman durch die Straßen seiner Kindheit. Er ist im East End aufgewachsen, als es noch, obwohl nie von Mauern umgeben, eine Art Ghetto war. Er schmeckt noch immer den Nebel, der nur in Kriminalfilmen überlebt hat, und sieht, wie damals aus den Fenstern schmalbrüstiger Häuser in Whitechapel Kerzenschein leuchtete zum Sabbat; dann wurde es still im quirligen East End. William Fishman, Jahrgang 1921, Professor für Geschichte, ist im Begriff ein fröhlicher alter Mann zu werden. Und doch hat er sich hinreichend Jugend bewahrt. Entgegen dem Vorurteil, dem Juden noch immer begegnen, hat er es zu nennenswertem Besitz leider nicht gebracht.

Aber das ein oder andere seiner Bücher wird ihn überleben – vielleicht das über die Anarchisten im East End, in dessen Mittelpunkt ein Deutscher namens Rudolf Rocker steht. Der war ein Goi, ein Nicht-Jude, und er kam nach Whitechapel und organisierte die Gewerkschaft der jüdischen Schneider und führte sie durch einen siegreichen Streik. William Fishman, dessen Vater ein armer Einwanderer aus Rußland war, rechnet sich an, den Anarchisten Rudolf Rocker vor endgültiger Vergessenheit bewahrt zu haben. Das wird bleiben.

Auf der Suche nach der vergangenen Zeit haben wir auch den alten Abraham Goldstein getroffen. Er ist einer von denen, die mit verhaltenem Stolz auffordern, ihr Alter zu schätzen, und natürlich hätte man wirklich nicht gedacht, daß er schon achtzig ist. Abraham Goldstein gehörte einmal zu der selbstbewußten Zunft der jüdischen Brotbäcker; mit vierzehn hatte er, hier im East End, seine Lehre begonnen; zuletzt hatte er es bis zum Gewerkschaftsvorsitzenden gebracht. Es war die kleinste innerhalb der mächtigen Trade-Union-Bewegung: Die London Jewish Baker Union hatte in ihren besten Zeiten lediglich ein paar hundert Mitglieder. Nun ist nur noch das schöne Banner geblieben. Darauf ist ein Meister zu sehen mit seinem Gesellen; die beiden stehen nicht nur für die Abschaffung der Nachtarbeit, nicht nur für Recht und Wahrheit und daß die Arbeiter der Welt sich vereinigen mögen, sie machen auch Werbung fürs eigene Produkt: »Kauft Brot mit dem Gewerkschaftsabzeichen.« Auf jedem Laib klebte damals ein »Union-Label«.

Das Banner ist jetzt im Museum, und sein Gewerkschaftsbuch hat der alte Abraham Goldstein auch den jungen Leuten gegeben, die sich neuerdings um das jüdische Erbe bemühen. Sich erinnernd, überkommt ihn Rührung. »Das war noch praktischer Sozialismus«, sagt er; niemand in den eigenen Reihen habe jemals Hunger gelitten in jenen Jahren, obwohl es durchaus schlechte Zeiten gab. Wer arbeitslos wurde, den haben die anderen durchgefüttert, indem sie auf einen Tageslohn verzichteten. Und als während des Krieges die Kollegen gegen die »Krauts« ausrückten, da hat die Gewerkschaft Zigaretten gesammelt für die Jungens an der Front. Eigentlich, denkt Abraham Goldstein, könnte er mal wieder ein Brot backen.

Wenn sie nicht alle von ihrer Erinnerung getrogen werden, muß das East End der Vorkriegszeit tatsächlich etwas Besonderes gewesen sein. Die jüdischen Tugenden – »rachamanos« (Mitleid mit den Bedürftigen) und »tsedokah« (Geben und Helfen mit Liebe) – waren ausgeprägt. »Mein Vater«, erinnert sich William Fishman, »irrte während der Wirtschaftskrise durch die Straßen nach Arbeit. Und doch: Er war, weißt du, einer von diesen stillen Gebern.«

Und es kann kein Zufall sein, daß Abraham Goldstein zur Charakterisierung des East End wörtlich derselbe Satz einfällt wie Monty Richardson: »Wir hatten keine Bäder im East End, aber unsere Türen standen immer offen.« Und heute? Wenn ein Fremder anklopft, wagt man kaum zu öffnen. Monty Richardson (keiner nennt ihn bei seinem Namen Montagu) ist ein drahtig-sportlicher braungebrannter Typ; nur das weiße Haar zeigt, daß er längst in den Siebzigern ist. Einmal wöchentlich fährt er quer durchs riesige London, von Hampstead zum East End, mit einem knallroten, altmodischen Triumph-Cabrio, um sich in einem »Social Club« neben der East-End-Synagoge ein paar Stunden um die Senioren der Gemeinde zu kümmern. Er macht das schon so lange und es ist ihm nicht aufgefallen, daß er nun selbst zu dieser Generation gehört. Sie treffen sich dort in einem Alten-Zentrum, von denen es einst Dutzende gab, zum Tee oder zum Bingo, oder auch nur, um von früher zu reden.

Früher – das sind jene Jahre, als in Deutschland die Nazi an der Macht waren, und in England ein vergessener Nazi-Führer auch einer Herrenrasse vorstehen wollte. Sir Oswald Mosley, erst konservativer, dann sozialistischer Abgeordneter, schließlich Anführer einer »British Union of Fascists«, hatte immerhin ein paar tausend Anhänger um sich geschart, mit denen er am 4. Oktober 1936 durchs East End marschieren wollte. Seine Kolonnen sollten den Juden einbleuen, wer Herr in England ist.

Doch der braune Marsch wurde für Mosley zum Fiasko. Jüdische Handwerker und Händler und Intellektuelle bauten zusammen mit den katholischen Hafenarbeitern aus den nahen Docks Barrikaden und standen gemeinsam gegen Mosley. Die Docker hatten nicht vergessen, daß es jüdische Schneider gewesen waren, die sie während der Hafenstreiks gestützt hatten.

»They shall not pass« war die Parole, sie werden nicht durchkommen, entsprechend der antifaschistischen Losung spanischer Republikaner in jenem Jahr: »No pasaran!« »Ich bin dabeigewesen, als Fünfzehnjähriger«, sagt William Fishman, »und wir haben sie zurückgeschlagen.« Das war der Kampf in der Cable Street, der Geschichte gemacht hat – die Rechtsradikalen haben sich von dieser Niederlage nicht wieder erholt. William Fishman besteht darauf, daß die eigentliche Auseinandersetzung ein paar hundert Yards weiter nördlich geschlagen wurde, in Whitechapel High Street. Die öffentliche Bücherei, Whitechapel Library, war an jenem 4. Oktober eine Erste-Hilfe-Station für die Verletzten im Straßenkampf.

Nebenan erinnert heute »Blooms« daran, daß dies einmal ein jüdisches Viertel war. »Das berühmteste koschere Restaurant in Britannien«, verkündet eine etwas protzige Eigenwerbung. Jeder Londonbesucher jüdischer Herkunft ist wenigstens einmal bei Blooms gewesen; viele mögen ein wenig irritiert sein über die direkte Art der Kellner, die jeden Gast behandeln, als hätten sie ihn gerade gestern noch gesehen. Aus dem Hintergrund blickt würdig aus einem goldenen Rahmen Morris Bloom, der das Gasthaus in den zwanziger Jahren etabliert hat.

»Whitechapel ist weitgehend beherrscht von jüdischen Schneidern und Tuchhändlern«, hieß es in Muishead's London aus der Zeit, als William Fishman noch ein Kind war. Alles längst vorbei. Nach den Hugenotten und den Juden wird Whitechapel und Spitalfield jetzt fast ausschließlich von Menschen islamischer Herkunft bewohnt. Sie sind überwiegend Bangladeshis und von weit her gekommen. Und sie finden dieselben Bedingungen vor wie die Juden vor hundert Jahren. Muffige Werkstätten, in denen auf engem Raum und bei trübem Licht im Akkord genäht wird. Lederjacken sind die Spezialität des Viertels. Manchmal hat Prinz Charles vorbeigeschaut; seine Besuche, königliche Gesten gegen den Zustand der »inner cities«, haben die Aufmerksamkeit auf das East End gelenkt. Dabei wissen

Spekulanten längst, daß nicht nur in den Docklands, sondern auch in Spitalfield Geld zu machen ist. Schon kündigt sich eine neue Invasion an; hier und da haben Yuppies bereits alte Hugenotten-Häuser gekauft. Die City, die diese Jungen reich gemacht hat, ist gleich nebenan.

Das auffälligste Gebäude an der Whitechapel Road ist längst nicht mehr das Hauptquartier der Heilsarmee, die hier von dem Philantropen William Booth gegründet wurde, sondern die prächtige Moschee, errichtet mit saudischem Geld. Aber dahinter hat die Große Synagoge in der Fieldgate Street die Zeiten überdauert, und ihre Gemeinde zählt noch an die tausend Gläubige. Trotz ihres Namens ist die Synagoge von eher bescheidenem Ausmaß, allenfalls größer als das Büro eines islamischen Begräbnis-Instituts nebenan. Im Vergleich zur Moschee wirkt sie winzig.

Freitags ist Markt hinter der Moschee, und ein Händler hat seinen Stand direkt an das jüdische Gotteshaus gelehnt. Er verkauft islamisches Schriftgut und Kleidung für fromme Männer. Die Synagoge, die verschlossen ist, wirkt jünger als ihr Entstehungsjahr – Jahrhundertwende oder 5661 nach jüdischer Zeitrechnung – vermuten läßt. Das muß daran liegen, daß sie zweimal zerbombt wurde während des »Blitz«, aber jedesmal wurde genug Geld gesammelt, sie wieder aufzubauen.

Der »Blitz«. Die Vokabel ist in die englische Umgangssprache eingegangen. Es waren die Bombardements der Deutschen, die das East End verändert haben. Manche denken, daß die Deutschen die Gegend deshalb so heftig attackierten, weil es vor allem ein jüdisches Wohnviertel war. Das ist deshalb nicht so abwegig, weil gleich eine der ersten deutschen Bomben beim ersten deutschen Angriff die Synagoge am Duke Place in der City zerstörte. Andere, auch Monty Richardson, neigen eher zu der Version, daß die Bomben und die V2-Raketen die Londoner Docks zum Ziel hatten. Dabei hat Monty Richardson keinen Grund, nachsichtig über die Deutschen zu urteilen. Seine Frau ist in Deutschland geboren, und er macht keine Andeutung, die über diese Mitteilung hinausginge.

Es haben einst, Ende des vorigen Jahrhunderts, an die 130.000 Juden im East End gewohnt. Vor dem Zweiten Weltkrieg waren es noch immer etliche Zehntausend; das East End war eine Durchgangsstation, und wer den Weg nach oben schaffte, zog weiter in die feineren Gegenden der großen Stadt, nach Hampstead oder nach St. Johns Wood. Heute leben von den 300.000 Juden britischer Nationalität noch immer zwei Drittel in London, aber sie haben sich längst über ganz London und die »suburbs« verteilt. »Hier um die Ecke«, sagt uns jemand in der engen Princelet Street von Spitalfield, wo die Synagoge sich unauffällig in die Häuserzeile fügt, »hier hat der Großvater von Lord Young gelebt.« Lord Young of Graffam war Minister im Kabinett von Frau Thatcher; der »self-made man« ging erst in die Politik, nachdem er als Unternehmer reich geworden war. Er verzichtete auf sein Ministergehalt.

Vor den Angriffen der Deutschen auf die

Docks und auf das East End hatte es noch Dutzende von Synagogen gegeben. Die meisten sind verschwunden. Der »Blitz« der deutschen Flieger – auch Luftwaffe ist ein Wort, das im englischen nicht übersetzt wird – hat sie zerstört. Heute ist nur noch ein gutes halbes Dutzend im Gebrauch; manche haben sich auch selbst überlebt. Da ist zum Beispiel das geschichtsträchtige Haus in der Fournier Street. Jetzt, viermal am Tag, eilen dorthin Männer jeglichen Alters zum Gebet, Männer, denen man ansieht, daß ihre Väter nicht in England geboren wurden, stolze Männer mit dunklem Teint, und die älteren tragen weiße Bärte. Das große Haus ist vor zweieinhalb Jahrhunderten gebaut worden und steht für die Historie des East Ends.

Die es bauen ließen waren Emigranten aus Frankreich. Ein Jahrhundert lang haben die Hugenotten im engen Spitalfield, im Herzen des East End gelebt. Später, als sie abwanderten und die Juden das Vakuum füllten, wurde das Haus von einem anglikanischen Verein, einer Gesellschaft zur Bekehrung der Juden, übernommen. Die wollte auf Teufel komm raus das Beste für die armen Juden aus Osteuropa. Im Lauf der sechs Jahrzehnte ihres Bestehens hat sie 59 Juden missioniert, was so viel auch wieder nicht war. Schließlich haben orthodoxe polnische Juden die ehemalige Kirche zur Synagoge umgewandelt. Zuletzt hat sie ein Jahrzehnt lang leergestanden, und nun haben Moslems aus Bangladesh eine Moschee daraus gemacht, die London Jamme Masjid.

Erst hatten sich die Hugenotten, Toleranz

einer aufgeklärten Gesellschaft suchend, im East End angesiedelt. Dann drängten sich hier, seit dem letzten Viertel des vorigen Jahrhunderts, die Juden aus Polen und Rußland. Die neu kamen, gingen dorthin, wo schon welche waren, wo sie sich sicher fühlen konnten in der eigenen Sprache (»Das ist wie mit euren Türken in Deutschland«, sagt William Fishman), wo sie ihre Synagogen hatten und ihre Rabbiner. Das East End hat immer Asyl geboten und war oft Heimstatt für Außenseiter. Jack London hat dort eine Weile gelebt. Er verkaufte seinen Anzug und hüllte sich in billigen Trödel, um einzutauchen in das Leben dort. Stoff suchend für einen Roman. Traven lebte dort, bevor er in Südamerika untertauchte. Und in einer winzigen Gasse, zwischen der U-Bahn-Station Aldgate und Blooms war die Keimzelle des jüdischen Anarchismus. Angel Alley heißt sie, und wenn man sie nicht sucht, ist sie kaum zu finden. Nun druckt ein noch immer anarchistischer Verlag kleine Auflagen eben dort, wo sich Rudolf Rocker und seine Genossen getroffen haben. »Ist es nicht meschugge«, fragt William Fishman ein ums andere Mal, »daß ein deutscher Goi jüdische Intellektuelle politisiert hat?«

Die Juden waren vor der Verfolgung geflohen, ihre brennenden Stettl hinter sich lassend. Nach dem schrecklichen Pogrom in Kiew war der Vater von William Fishman nach England gekommen. Die Nachfahren sind längst heimisch in Großbritannien, und wenn sie Heimweh haben, ist es allenfalls – »nächstes Jahr in Jerusalem« – die Sehnsucht nach dem Gelobten Land. »Wir haben allen Grund dankbar zu sein«, sagt Sir Immanuel Jakobovits, der Chefrabbiner, »wenn es uns gelingt, den Geist der Toleranz in diesem Land zumindest zu bewahren.« Dieser Sir Immanuel ist ein kleiner, zart wirkender Herr – besonders wenn man ihn neben dem anglikanischen Erzbischof hat stehen sehen. Ist es der Versuch, ihn einzubeziehen, oder zeigt es die Aufgeschlossenheit einer Gesellschaft, diesen Mann für seine Verdienste in den Ritterstand zu erheben? Er versucht, gerecht zu sein, und er wirkt schon äußerlich wie Lessings Nathan.

Es gibt viele Juden, die dieses Land für »das toleranteste in der westlichen Welt« halten – zum Beispiel Geoffrey Paul, der Chefredakteur des *Jewish Chronicle*. Und der Rabbiner Samuel Pinter, dem nur hohes Lob zu England einfallen will, sagt einem britischen Journalisten: »Sie wissen gar nicht, was es wert ist, dieses England zu haben.«

Beim Rabbi hört man heute noch, nach all der Zeit, den österreichischen Tonfall heraus. Er hat sich nicht assimiliert, trägt immer noch, selbst bei einem Fernsehinterview, den schwarzen Hut und die schwarze Tracht, nur der stattliche Bart ist grau geworden mit den Jahren. Damals in Wien, 1938, kurz bevor es zu spät gewesen wäre, hatte er einen Tip von einem Freund bekommen, möglichst sofort zu verschwinden. Der Freund war zwar zu den Nazi übergelaufen, hatte sich aber hinreichend Charakter bewahrt, den Juden zu warnen. Sonst hätten sie Samuel Pinter erschossen, als kommunistischen Anführer. Ihn, den

Neunzehnjährigen, sagt er und hebt die Hände zu ironisch-anklagender Gebärde.

Samuel Pinter pflegt die Erinnerung, wie er damals nach London gekommen ist, mit dem Schiff in dichtem Nebel: Wann immer seitdem Nebel ist, geht der Rabbi hinaus auf die Straße, weil dichter Nebel für ihn identisch ist mit Freiheit. Die Familie nimmt das mit freundlicher Nachsicht hin, ohne es wirklich zu verstehen. In Wien, sagt der Rabbi, nach dem Einzug der Deutschen, da hätten die Nazi ihn gemeint: Ihn, Samuel Pinter, wollten sie umbringen. In England aber, als die Luftwaffe ihre Bomben abwarf, da war er einer von allen. »Ist es nicht merkwürdig«, sagt er, »eine Minute unter Hitler ist schlimmer gewesen als all die Bomben hier.«

Für den Zugereisten sieht es so aus, als wäre die englische Gesellschaft frei von Antisemitismus. Aber vielleicht trügt der Eindruck, weil die Aggression der Zukurzgekommenen sich nur ein anderes Feindbild gesucht hat und sich gegen jene Minderheiten richtet, die sich schon durch die Hautfarbe unterscheiden. Antisemitismus in seiner vulgären Form wird nur noch von den paar Verrückten der »National Front« vorgetragen, die gelegentlich Hakenkreuze schmieren. Aber wenn Geoffrey Paul an früher denkt, an seine Kindheit im englischen Norden, dann ist das kein Vergleich.

Und trotzdem: Als einmal in der Gegend von Whitechapel Plakate für eine jüdische Ausstellung geklebt wurden, waren sie bald darauf mit Hakenkreuzen überpinselt. Helen Carpenter, eine junge Jüdin, hatte die Ausstellung mit Hilfe der Gemeindeverwaltung organisiert. Sie ließ halt neue Plakate kleben und neigt dazu, den Vorgang nicht ernst zu nehmen. »Manche glauben, daß ich unrecht habe«, sagt sie, »aber ich denke, es waren Jugendliche, die nicht wußten, was sie taten.« Als Deutscher weiß man nicht, ob das ein Trost sein kann. Denn wenn es Kinder waren, hat sie jemand schlimme Lehnwörter gelehrt. Neben den Hakenkreuzen stand in schlechtestem Deutsch: »Juden raus«.

Aug in Aug mit dem Hund von Baskerville

Fahndung nach Sherlock Holmes

Uns war sofort klar, daß der weißhaarige Mann um die Fünfzig, der seinen Whisky stehen ließ, um nacheinander Bilder und Bücher an den Wänden der Hotelhalle zu photographieren, nur ein Amerikaner sein konnte. Nur die Amis geben sich, kragenlos und in Jeans, so leger in einem eher distinguierten Hotel. Und kaute er nicht auch Kaugummi? Sicher war er eigens aus Wyoming herübergekommen, um im Sherlock-Holmes- Hotel in der Baker Street seine Spurensuche nach dem berühmten Detektiv aufzunehmen. Leider erwies sich unser Versuch, nach Holmesscher Manier zu kombinieren als Mißgriff: der Weißhaarige hieß einfach Smith, war aus Manchester und hätte sich nicht einmal eine Übernachtung in diesem Hotel leisten können. Sherlock Holmes wäre so ein Trugschluß nicht passiert.

Wir haben uns auf die Suche nach Sherlock Holmes gemacht, von dem manche vermuten, daß er immer noch lebt. Schließlich habe niemals ein Nachruf in der *Times* gestanden (wobei man freilich nicht vergessen darf, daß die *Times* einmal eine Weile, bevor sie den Besitzer wechselte, nicht erschienen ist). Ein Anruf bei Sue Brown, seiner Sekretärin (denn seit geraumer Zeit hat Sherlock Holmes eine eigene Schreibkraft), gibt der Hoffnung Auftrieb. »Ich fürchte«, sagt sie allerdings, wie Engländer zu sagen pflegen, wenn etwas gänzlich ausgeschlossen ist, »ich fürchte, daß Mr. Holmes zur Zeit nicht verfügbar ist.« Es gehe ihm aber gut, und er lebe, hochbetagt, als Ruheständler in der Grafschaft Sussex und züchte Bienen. Nein, ein neueres Photo gebe es auch nicht von Mister Holmes; das sei aus Sicherheitsgründen leider nicht möglich.

Sherlock Holmes ist also genauso lebendig wie gegen Ende des Jahrhunderts, als der Arzt Arthur Conan Doyle, ein gebürtiger Schotte, in Beetons Jahrbuch unter dem Titel »Studie in Scharlachrot« den ersten Detektivroman veröffentlichte. Und noch immer schreiben Menschen zwischen Hamburg und Haiti an den großen Holmes, der sich, wie er seinem einzigen wirklichen Freund mitteilte, eher als eine Art Detektivberater verstand. Wenn die ganze Zunft am Ende war, gab Holmes seine Expertise ab.

»Ich hoffe, Sie leben noch«, schrieb ein besorgter Holländer aus Spakenburg, »wenn ja, müßten Sie ein sehr alter Mann sein.« (Womit er irgendwie recht hat, denn der alte Holmes ist Jahrgang 1850.) Im übrigen bittet der Holländer um eine Ausgabe vom »Hund von Baskerville«, die in Holland angeblich auf Englisch nicht zu haben sei. Andere Korrespondenten haben echte Anliegen, wie ein Texaner, der Fußabdrücke mit drei Zehen in seinem Vorgarten ausgemacht hat und Blutspuren an der Hauswand. Manche haben Holmes noch in letzter Zeit gesehen, trotz aller Tarnung. Sue Brown hat nämlich gerade einen Brief bekommen, in dem (»Dear Mr. Holmes«) der

Schreiber behauptet, daß er in der Fernsehübertragung des Cricketmatchs England gegen Australien »eine große, hagere Gestalt« wahrgenommen habe: »Ich glaube nicht, daß irgend jemand Sie bemerkt hat, aber ich weiß, daß Sie es waren.« Vornehmlich aus Deutschland kommen Briefe, die nicht immer vom guten Geschmack der Absender zeugen. Zum Beispiel jener Erpresserbrief, aufgegeben in Glücksburg: »Ich habe Ihren Freund Dr. John Watson. Wenn Sie ihn lebend wiedersehen wollen, schicken Sie 5000 Pfund.« Oder das Telegramm aus Raunheim: »JUWELEN VERSCHWUNDEN – STATUE VERSCHWUNDEN – FORMEL GESTOHLEN – POLIZEI UNFAEHIG – PROF. DR. HANS MEIER ENTFÜHRT – ICH AUCH – WAS SOLL ICH TUN? WATSON.« Das ist natürlich grober Unfug, wo doch jeder weiß, daß Watson ebenfalls in Sussex lebt.

Trotzdem beantwortet Sue Brown jede Anfrage gewissenhaft im Sinn von Mister Holmes. Bezahlt wird sie jedoch von der Abbey National Building Society, einer großen Bausparkasse, deren Bürohochhaus die Nummer 221 B Baker Street einschließt. Eine Gedenktafel weist darauf hin, daß Holmes und sein Freund Watson hier gewohnt haben. »Am darauffolgenden Tage«, heißt es in der »Studie in Scharlachrot«, »trafen wir uns, wie verabredet, und machten uns auf in die Baker Street 221 B.« Die Wohnung, die Holmes und Watson künftig teilen sollten, bestand aus zwei behaglichen Schlafzimmern und einem luftigen, hell und freundlich ausgestatteten Wohnzimmer.

Tatsächlich können Holmes und Watson überhaupt nicht an dieser Stelle gewohnt haben. Zum einen ist das Abbey-National-Gebäude ein neues Haus, weil das alte vom »Blitz« – wie die Briten das deutsche Bombardement während des Zweiten Weltkriegs nennen – getroffen wurde, zum anderen endete die Baker Street zu Conan Doyles Zeiten schon an der U-Bahn-Station. Nun hat die Baker Street ohnehin nichts mehr gemein mit jener Zeit, die Conan Doyle beschrieben hat: McDonald's ist längst da und Marks & Spencer sowieso. Sie ist ein Weg zum Zentrum und eine Geschäftsstraße ohne jeden Charme. Allenfalls die Parallelstraßen erinnern noch an die Viktorianische oder die Edwardianische Zeit. Ein Typ wie Watson könnte es sich kaum leisten, in dieser Gegend zu leben. Bei einem Häusermakler in der Baker Street, der Holmes' Silhouette als Markenzeichen führt, finden wir ein Angebot im Bickenhall Mansion, etwa in der Größe des Holmes/Watson-Appartements, für 450 Pfund. Das macht übers Jahr, umgerechnet, mehr als 70.000 Mark, denn der Mietzins wird hierzulande wöchentlich erhoben.

Dies soll einmal, als sie fast noch am Rand der Stadt lag, eine ruhige Gegend gewesen sein. Die Geschichten des viktorianischen Autors Conan Doyle waren aber schon bei ihrer Entstehung zu einem guten Teil Nostalgie: Die frühe Elektrifizierung von London ist in seinen Büchern nicht nachvollzogen worden; Holmes und Watson sind zu ihrer Zeit nie mit einem Automobil gefahren, nur immer mit der alten Mietdroschke. Nicht einmal die U-Bahn haben sie benutzt, und trotzdem schmückt sich die Station Baker Street heutzutage mit dem Bild des Meisters. Ein Mosaik aus Kacheln zeigt sein charakteristisches Profil mit Doppelschirmmütze; und jeder »Sherlockian«, wie sich seine Verehrer nennen, beginnt hier seinen ersten Streifzug.

Nehmen wir zum Beispiel Professor Tsukasa, einen Psychiater aus Tokio, der vor zwanzig Jahren endlich einen japanischen Sherlock-Holmes-Klub gründete, nachdem die japanische Leidenschaft für den genialen Detektiv schon um die Jahrhundertwende eingesetzt hatte. »Jeder Verehrer von Sherlock Holmes«, sagt der Professor, »möchte, bevor er stirbt, die Baker Street gesehen haben.« Der Gelehrte, dessen Buch »Sharokku Homuzu no Rondon« unter dem Titel »Holmes' London« auch im Englischen vorliegt, glaubt – was überaus merkwürdig ist –, daß manche Japaner all die Doyle-Geschichten »in dem Bemühen lesen, ihr eigenes kulturelles Erbe wahrzunehmen«.

Mit der U-Bahn – weil eine Droschke nicht mehr zu kriegen ist – sind wir nach Charing Cross gefahren. An das Charing-Cross-Hotel, wo ein Zimmer zu Sherlock Holmes' Zeiten für vier Shilling sechs Pence zu haben war, hatten Watson und Holmes ganz besondere Erinnerungen: Im Rauchsalon des Hauses hatte Holmes den Spion Hugo Oberstein überführt; bei einem anderen Fall, im Wartesaal der Station Charing Cross, wurde Holmes von seinem Gegenspieler ein Zahn ausgeschlagen. Heutzutage ist es gefährlich, die Straße, den Strand, zu überqueren.

Im Charing-Cross-Hotel, wegen der naheliegenden Reminiszenz, pflegte die Sherlock Holmes Society ihr jährliches Bankett abzuhalten. Doch da die Gesellschaft immer größer wurde – 800 Mitglieder gibt es weltweit, die Hälfte im Vereinigten Königreich –, reichten die Räumlichkeiten nicht mehr aus, so daß das Dinner in der Dining Hall des Unterhauses gegeben wird. Sherlock Holmes, wie wir wissen, hatte ja einflußreiche Bekannte, wenngleich er sich nie um die vordergründige Politik gekümmert hat; Conan Doyle hingegen hatte zweimal vergeblich für die schottischen Liberalen kandidiert. Anders auch als Conan Doyle, der 1902 für seinen Einsatz im Buren-Krieg geadelt wurde, hat Sherlock Holmes die Erhebung in den Ritterstand ausgeschlagen. Lediglich eine Krawatten-Nadel mit einem Smaragd hat er aus der Hand der Königin akzeptiert. Doch die engsten Verbindungen hatte er zum Home Office.

Bei einem der Dinner im Unterhaus – es gab Schildkrötensuppe, Huhn mit Pilzen, und Profiteroles zum Kaffee – würdigte der Sehr Ehrenwerte Merlyn Rees, vormaliger sozialistischer Innenminister, den abwesenden Sherlock Holmes. Da sind, sagte Rees, eine Menge Gemeinsamkeiten zwischen dem viktorianischen England und unseren Tagen: »Damals gab es Trunkenheit und eine Welle der Kriminalität, und sogar Holmes nahm Drogen.« Selbst die Holmes-Geschichten seien von gewisser Aktualität. Die ersten Worte nämlich, die Holmes zu Watson sprach, lauteten: »Sie waren in Afghanistan, wie ich sehe.« Da war immer mal Krieg.

John Watson war Militärarzt in Afghanistan gewesen, hatte aber wegen einer Verwundung den Dienst quittieren müssen. In einem Büroraum des berühmten Londoner St.-Bartholomäus-Hospitals, das heute zur Universität gehört, hatten sich Watson und Holmes zum ersten Mal getroffen. Eine Plakette, gestiftet von einem reichen Amerikaner, erinnert heute noch an die »unsterblichen Worte«, mit denen Holmes dem Leser erstmals seine Kombinationsgabe vorführt: Watson sieht aus wie ein Arzt, hat aber die Haltung eines Soldaten, ist mithin Militärarzt. Da er braungebrannt ist, hat er wohl in Übersee gedient, und da er angeschlagen wirkt und ausgemergelt, muß er in Afghanistan gewesen sein. Schade nur, daß Holmes sich zu seiner Zeit nicht um Jack the Ripper gekümmert hat. Der war, sehr real, ein Jahr später in London aufgetaucht und hatte jeweils am hellichten Tag sechs Frauen umgebracht. »Mister Holmes«, pflegt Sue Brown auf entsprechende Fragen zu antworten, »ist nie gebeten worden, einen dieser Fälle zu untersuchen.«

In der Northumberland Street, ganz in der Nähe von Charing Cross, gibt es ein Gasthaus »The Sherlock Holmes«. Früher war dies das Northumberland Arms Hotel, und einmal hat dort Sir Henry Baskerville, ein Klient von Holmes, während seines London-Aufenthalts gewohnt. Zufällig treffen wir vor der Tür Catherine Cook, Bibliothekarin in der Marylebone Library, die eine der wichtigen Holmes-Sammlungen betreut. Conan Doyle wäre entsetzt, erfahren wir von ihr, hätte er die heutige Popularität seines

Helden erlebt. Er habe sich mitunter geärgert, weil seine Gedichte und historischen Arbeiten zu anderen Themen nie gewürdigt wurden, und er hätte seine Figur gern sterben lassen. Es kränkte ihn, wenn er versehentlich mit »Mister Holmes« angeredet wurde.

Im Schankraum starrt uns der Hund von Baskerville an, eine Nachempfindung der Holmesschen Schreckensfigur. Aber die eigentlichen Memorabilia finden wir im ersten Stock. Holmes' Zimmer ist dort konserviert, mit einer Enzyklopädia Britannica auf dem Bücherbord, auf dem Kaminsims der Pfeifenständer und ein Bild von Irene Adler, seiner einzigen Liebe, soweit wir wissen. Allerlei Chemikalien und Apparaturen stehen auf der Anrichte, und auf einem kleinen Tisch, von Gaslicht bestrahlt, liegen Lupe, hingeworfene Korrespondenz, ein paar viktorianische Handschellen. Das Ensemble ist 1951 zusammengestellt worden und stützt seitdem die Vorstellung, daß Sherlock Holmes keine Erfindung war.

Wenn Joan Hardcastle, die das Pub mit ihrem Mann führt, gefragt wird, ob Holmes wirklich gelebt habe, dann erkundet sie erstmal diskret, was der Besucher wohl denken mag. »Ich möchte niemanden seine Illusionen nehmen.«

Die Beharrlichkeit der harten Herzen

Auf den Spuren von Charles Dickens

Wie kam das denn, daß uns plötzlich Dickens wieder interessiert, ein paar Tage vor Weihnachten? Es fing wohl an in einem dieser schäbig-charmanten Buchläden an der Charing Cross Road, in denen man leicht findet, was man nicht erwartet, weil man es nicht gesucht hat. Und Quinto Bookshop ist eine gute Adresse (nicht Nr. 84, da war der Laden, über den ein Film gedreht wurde und den es nicht mehr gibt, sondern Nr. 48). Gleich vorn neben der Kasse haben sie ein paar Bücher hinter Glas, die durchaus nicht teurer sind als die in Dutzenden offenen engen Regalen bis hinunter in den Keller. Hinter Glas also findet man, für ein Geringes, so was wie die »Kurze Übersicht über den politischen Zustand Großbritanniens zu Beginn des Jahres 1787«.

Man soll sich nur hüten, nachzufragen, warum das so wohlfeil ist, auf dem Kontinent würde man wahrscheinlich viel mehr bezahlen, und ob sie sich womöglich im Preis geirrt hätten. Und am Ende erscheint es einem doch wieder teuer, weil man sich eigentlich vorgenommen hatte, heute der Sucht des Bibliomanen zu widerstehen. Vielleicht läßt sich jemand mit der alten Scharteke zu Weihnachten erfreuen. Und dann haben wir Dickens, den wir gesucht haben, weil er uns zu Weihnachten wieder einfiel, ganz wider Erwarten im Glasschrank gefunden. Als sei er etwas Besonderes.

Charles Dickens, 1812 bis 1870: *Oliver Twist, David Copperfield, Nicholas Nickleby, Große Erwartungen* und all das, was wir immer lesen wollten oder gelesen haben – ist nur schon lange her. Dickens finden wir in jeder englischen Buchhandlung mit wenigstens einem, manchmal zwei Metern, aber hier hinter Glas horten sie sozusagen das Original. In Halbleder gebundene Jahrgänge des Wochenjournals *All the Year Round*, von Charles Dickens herausgegeben. Anonym wie im Nachrichtenmagazin sind viele einzelne Beiträge keinem bestimmten Schreiber zuzuordnen, selbst Dickens, der sich längst als Großdichter sah, hat oft für die Woche geschrieben und dann, als guter Selbstverwerter, die Fortsetzungsgeschichten, Erzählungen und Reportagen zwischen festen Deckeln als Buch publiziert. In *All the Year Round* (auf Deutsch klänge das wie »Jahresreigen«) finden wir ein paar Reportagen, die wir als Taschenbuch noch immer missen mußten. Für zwei Bände, Band II und III von 1859/60, zahlen wir mit einer Zehn-Pfund-Note, auf der die Bank von England den Dichter Dickens verewigt hat.

Dieser Einstieg ins Thema mag nach Pfennigfuchserei klingen und das soll auch so sein: Eine der volkstümlichsten Gestalten der englischen Literatur, ein gewisser Ebenezer Scrooge, ist vor 150 Jahren von Dickens erfunden worden – ein Gedenktag, dem die Royal Mail 1993 ihre obligatorischen Marken für die Weihnachtspost widmete. In dieser ganz nach englischem Geschmack herzzerreißend sentimentalen Erzählung *A Christmas Carol* wird ein hartherziger Geizhals von Geistern der Vergangenheit, Gegenwart und Zukunft zur Räson gebracht. Ebenezer Scrooge, eine kapitalistische Karikatur, ist ein blutsaugender Ausbeuter. Mögen die Hungernden – was schert ihn Weihnachten – verhungern, jeder Esser weniger mindert die Überbevölkerung, und: »Jeder Idiot, der dieses ›Frohe Weihnachten‹ auf den Lippen führt, sollte in seinem eigenen Pudding gebacken werden und mit einem Palmenpfahl durchs Herz begraben werden.« So hat sich Dickens die Inkarnation eines Bösewichts vorgestellt, und – nach eigenem Bekunden – Rotz und Wasser geheult, während er die Läuterung des Ebenezer Scrooge aufs Papier brachte. Weil das zahlende Publikum ebenfalls zu Tränen gerührt war und weil die Geschichte ein solcher Erfolg wurde, schrieb Dickens danach alle Jahre wieder eine neue Weihnachtsgeschichte.

Jedes Schulkind kennt den knauserigen Ebenezer Scrooge, den geizigen alten Sünder, der seinem Angestellten solch miesen Lohn zahlt, daß dessen Familie nie satt wird (und doch, anders als Scrooge, Weihnachten fröhlich feiern kann). So sprichwörtlich ist dieser Scrooge, daß eine »Interessensgemeinschaft von schlechtbezahlten Arbeitern« einen Schmähpreis für einen »Scrooge des Jahres« ausgeschrieben hat. Ein Unternehmer aus Norwich, ein gewisser Robert Pugin (ein Name, den Dickens für ihn hätte ausdenken können und den er in der Tat einer Randfigur in einer kleinen Erzählung gegeben hat), dieser Pugin also, der von Heimarbeitern für einen Niedrigstlohn Aromastoffe in kleine Beutel abfüllen läßt, hatte einen Büroangestellten für weniger als 500 Mark im Monat gesucht. Mr. Pugin verteidigt sich, daß das Salär behördlicherseits vorgeschlagen worden sei.

Im England unserer Tage sind solche Fälle nicht die Regel; andererseits ist man nicht überrascht, wenn man hört, daß ein Wachmann für drei Mark die Stunde wachen und eine 84-Stunden-Woche hinter sich bringen muß, um sein Auskommen zu finden; daß eine Friseuse für einen Stundenlohn von einer Mark und dreißig Pfennig 66 Stunden im Frisiersalon steht. Gut jeder dritte britische Arbeitnehmer verdient, so hat die Interessengemeinschaft herausgefunden, weniger als den menschenwürdigen Mindestlohn, gemessen am europäischen Standard. Das aber ist alles nur eine Ablenkung auf unserem Weg zu Dickens. Kein Autor seiner Zeit hat London so intensiv durchwandert und erlebt wie Dickens. Heute ist vieles von Dickens' London längst mit Beton überzogen. Nicht weit von der Themse, im Stadtteil Blackfriars, haben sie Straßen nach seinen Figuren benannt, Little Dorrit Court zum Beispiel, doch da sieht es nicht mehr so aus wie zu seiner Zeit. »Modernisierungen haben die Gegend verändert«, heißt es schon bei *David Copperfield*.

Indes die Anwälte, die Dickens allesamt gehaßt und immer wieder beschrieben hat, residieren noch immer in denselben Quartieren. Staple Inn, Temple, Lincoln's Inn: »Und dicht bei Temple Bar, in Lincoln's Inn Hall, mitten im Herzen des Nebels sitzt der Lord Oberkanzler mit seinem hohen Kanzleihof«, heißt es am Anfang des Romans *Bleak House*, in dem die Gerichtskosten in einem Erbschaftsstreit Jardyce gegen Jardyce am Ende die Erbschaft auffressen. Dickens, der selbst in allerlei juristische Händel verstrickt war und sich oft gegen Plagiate wehren mußte, würde Lincoln's Inn noch immer wiedererkennen. Die Herren Barrister, die an einem vorbeihasten, sind Dickens-Gestalten, und eigentlich auch die Damen Barrister, nur waren im vorigen Jahrhundert den Frauen die wallenden Anwaltsroben und die Pferdehaarperücken noch verwehrt.

Und an den Kirchen hat sich – die deutschen Bomber ausgenommen – zum Glück niemand vergriffen. Dickens hat Londons Kirchen in *All the Year Round* beschrieben, fast wie ein Reporter, und wie ein Reporter ist er, bei Tag und in der Nacht, stundenlang durch die Kapitale gezogen, und manchmal treffen wir dieselben Typen wie zu seiner Zeit. Denn es sind die Geschundenen und die Underdogs, die Mühseligen und Beladenen, die fast so leben müssen und am ehesten so aussehen wie zu Dickens' Zeit. Von Lincoln's Inn Field, einem großzügigen Platz, ein Park geradezu, sind sie vertrieben worden.

Das wär' ein Dickens'sches Thema: Umrahmt von feinen Häusern aus der Zeit der hannoverschen Georgs, in denen alte Rechtsfirmen ihren alten Wohlstand mit den Händeln der neuen Reichen mehren, hatte sich auf dem Field eine Kommune von Berbern gebildet. In Zelten und Laubhütten lebten sie dort, bis sie auf Antrag der

Anrainer – gute Anwälte in eigener Sache – von der Gemeinde vertrieben wurden. Seither ist der große Platz von häßlichen hohen Gittern umzäunt. Nun hat keiner mehr was von dem Park, auf dem Dickens (in *Barnaby Rudge*) die Aufrührer einer Rebellion versammelte. Manchmal noch, nachts, kriechen zerlumpte Gestalten unter dem Zaun durch, verstecken sich zwischen Büschen vor der Polizei.

Dickens ist gern des Nachts durch London gewandert und hat die Reportagen dann in seinem Journal veröffentlicht. Auf einer Kirchenbank in St. Martin in the Fields sitzend und in unserem eben erstandenen Exemplar blätternd, finden wir nach langem Suchen unter der Rubrik *The Uncommercial Traveller*, was einem vor diesem Kirchentor oft und immer wieder passieren mag: »Ich erreichte die große Treppe von St. Martin's, als die Uhr dreimal schlug. Plötzlich schreckte ein Etwas zu meinen Füßen auf, auf das ich, ohne es zu sehen, im nächsten Moment getreten wäre, richtete sich auf mit einem Schrei von Einsamkeit und Heimatlosigkeit.« Er habe dann, schreibt Dickens, seine Hand ausgestreckt, um dem Unglücklichen Geld zuzustecken, »und legte eine Hand auf seine Schulter«. Der junge Mann starrte ihn nur an, hielt ihn für einen »Ankläger, Teufel, Geist oder was auch immer« und suchte das Weite.

Wenn man dann von St. Martin's am Trafalgar Square den Strand hinunter geht, die Straße, die sicher in jedem seiner Romane vorkommt, findet man soviele Dickens-Gestalten wie sonst nirgendwo. Dies ist keine Prachtstraße, aber das Savoy Hotel gehört zu den besseren Etablissements, in dem man schon unter 500 Mark (und in einer Suite für oft weit mehr als tausend) die Nacht verbringen kann. Draußen vor der eleganten Zufahrt, die ganze Straße entlang, schlafen die Obdachlosen in den Geschäftseingängen, und das geneigte Publikum mag sich besonders wohlhabend fühlen oder unwohl, je nach Gemütslage.

Einer, der Oliver hieß, trat allen in den Weg, doch durchaus freundlich, und reckte ihnen sein Buch entgegen. Er hatte einen regenschweren Mantel an, denn es war naß und kühl, und es nieselte seit Stunden, und dieser Oliver trug weiße Turnschuhe. Es hätte zu gut in unsere Stimmung gepaßt, wenn er Dickens rezitiert hätte, stattdessen bat er, uns aus dem *Kaufmann von Venedig* vortragen zu dürfen, und atmete tief durch, daß er endlich seinen Zuhörer gefunden hatte, und fing an, bevor der sich das anders überlegen konnte:

»Die Art der Gnade weiß von keinem Zwang,
Sie träufelt, wie des Himmels milder Regen,
Zur Erde unter ihr; zwiefach gesegnet:
Sie segnet den, der gibt und den, der nimmt …«

So ging das fünf Minuten weiter, und erst im Nachhinein, den Text – bei Schlegel nachgeschlagen – noch einmal lesend, haben wir uns gefragt, warum denn gerade diese Stelle? Wen wollt' er wohl mit Shylock rühren zur Weihnachtszeit?

Weil wir schon den ganzen Abend durch London gelaufen waren, unseren Münzvorrat längst verteilt hatten, man spürt es schon, wenn man jeden Bittenden bedenkt, baten wir schließlich Oliver, der doch wenigstens zu symbolischer Gegenleistung bereit war, auf einen Kaffee ins Kentucky Fried Chicken (auch damit ein Schein gewechselt würde). Er weigerte sich, ins Savoy zu gehen, und hatte recht. Es wäre albern gewesen, sich abweisen zu lassen, obwohl: Ein Dickens hätte seinen Spaß an solchem Einfall gehabt, hätte aus einer solchen Szene eine schöne Pointe geschaffen.

Wir sind dann gemeinsam zur Themse hinuntergegangen, weil Oliver Richtung Waterloo Bridge wollte, denn auf der anderen Seite des Flusses liegt sein Revier, dort, wo die Theatergänger zur Royal Festival Hall gehen. Ich versuchte ihn irgendwie auf Dickens zu bringen, und er sagte »Scrooge? Die Welt ist voller Scrooges.« Dickens lebt, sagte er, und der einzige Unterschied sei, daß man zu Viktorias Zeiten die Armut im Armen- und Arbeitshaus versteckt habe, und heute stört sich keiner dran, daß sie sich zeigt: »Guck nur mich an und meinesgleichen, wir sind Dickens' Denkmal.« Drüben sei das alles anders. Drüben? Wie jeder Tramp hat Oliver seine Geschichte, die man glauben mag oder nicht, und seine ist so gut wie die meisten. Er sei aus dem Musikgewerbe, erzählte Oliver, und habe 50.000 Pfund in ein Aufnahmestudio in New York investiert, doch sei sein amerikanischer Partner (»den brauchte ich, weil ich keine Green Card hatte«) mit dem Geld durchgebrannt. Die Geschichte hatte noch viele Wendungen, einschließlich einer toten Geliebten, sollte aber vor allem illustrieren, daß er, Oliver, bessere Tage gesehen hat, und bekräftigen, daß er jedem, so lange das Kleingeld reichte, seinen Dollar zu reichen pflegte. »Die Leute hier sind so hart, sie wollen sich nicht vorstellen, daß einer abstürzen kann.« (Der *Uncommercial Traveller* in seiner Betrachtung über Tramps mokiert sich über den Gebildeten, den er abschätzig zitiert: »… studiert am Trinity College, war selbst einmal mit bescheidenen Möglichkeiten ein Mäzen der Musen.«)

Waterloo Bridge ist nicht mehr dieselbe wie in den Nachtwanderungen des Bildungsreisenden. (»Ich habe unmöbliert gewohnt die letzten zwei Wochen«, sagt Sam in Dickens' *Pickwick Papers*, »… die trockenen Gewölbe von Waterloo Bridge; schöner Schlafplatz, in zehn Minuten bist du bei allen Behörden – der einzige Einwand ist, daß es eine etwas zugige Angelegenheit ist.«) Ein paar Wochen hatte Oliver in einer Billigpension zugebracht, dann konnte er nicht mehr die täglichen achtzehn Pfund fürs Bett und Frühstück aufbringen. Seither ist er einer von zweitausend auf Londons Straßen, und er habe, sagt er, in der Nähe einen Schlafplatz. Der sei nur nicht sehr geschützt.

Wenn du nicht untergehen willst, sagt Oliver, wenn du intellektuell überleben willst, mußt du aufpassen, daß du den Anschluß nicht verlierst. Du mußt dich auf der Höhe der Diskussion halten. Du kannst in Büchereien gehen, aber du wirst nicht Bücher mit dir rumtragen. Sein *Kaufmann von Venedig*, ein Taschenbuch in jüngster Edition, ist längst zerfleddert, sieht mitgenommener aus als meine zweihundert Jahre alte *Kurze politische Übersicht,* die zwar ein paar Wasserränder hat, doch sonst in gutem Zustand ist. Du kannst auch regelmäßig Zeitung lesen, sagt er. Es muß ja nicht die von heute sein. Er findet sie, nicht immer vollständig, im Abfall.

Heute hat er einen *Telegraph* und fragt, was ich von diesem Bischof halte. Liest einen Zweispalter vor auf der ersten Seite, des Inhalts, daß der Bischof von Durham, ein notorischer Querkopf, rechtzeitig zu Weihnachten nicht länger daran glauben will, daß es die Heiligen Drei Könige tatsächlich gegeben und daß so ein Stern besonders geleuchtet habe. Außerdem frage sich der Bischof, ob das mit den fehlenden Zimmern, daß also alle Hotels ausgebucht waren, sich wirklich so zugetragen habe. Das seien alles nur schöne, romantische Geschichten. »Soll der Bischof glauben, was er will«, sagt Oliver. »Das hat auch wieder nichts mit deinem Dickens zu tun.« Dann denkt er, wieso nicht, vielleicht ist der Bischof ein geistlicher Scrooge, der auf seine Läuterung noch warten muß. Und wieso konnte der überhaupt Bischof werden? »Du glaubst nicht, wie egal mir das ist, Alter«, sagt Oliver, »Es könnte mich gar nicht weniger interessieren«. So alt ist man nun schon, daß junge Leute einen Alter nennen, nicht verächtlich, doch Abstand haltend.

Wenn es wenigstens schneien würde; London im Schnee gibt es allenfalls noch auf Weihnachtskarten. In diesem Niesel, wenn man lang genug durch die Stadt marschiert ist, wird man am Ende selbst einen Tramp abgeben. Dickens pflegte stundenlang und meilenweit zu laufen. Wenn diese Plastiktüte mit den Büchern nur nicht so schwer wäre. Der eigene, durchnäßte Mantel ist bald so abgestoßen, daß man fast als einer durchgehen kann, dessen bessere Tage gerade erst Vergangenheit geworden sind.

In einem Pub in Fleetstreet, Ye Olde Cheshire Cheese, habe ich mich wieder bekobert. Das ist das Gasthaus aus dem Jahr 1667 (im Jahr zuvor hatte das Große Feuer alles niedergebrannt), in dem nach dem berühmten Dr. Samuel Johnson viele große Literaten gespeist haben, und Dickens ist sowieso in jedem Pub gewesen, der alt genug ist. In *Große Erwartungen* läßt er seinen soeben freigesprochenen Helden und einen windigen Advokaten von Old Bailey die Fleet Street herunterkommen und läßt sie in eben dieser Kneipe – so jedenfalls möchten es die Dickensians glauben, die wir auf unseren Exkursionen getroffen haben – bei einem einfachen Mal, bei Wein und Port entspannen. Dickens' Lieblingsplatz ist gleich neben dem offenen Feuer gewesen.

Als wir gestärkt herauskamen, nieselte es immer noch, und es war gar nicht weihnachtlich. In diesem Hinterhof von Fleet Street, der Straße, die im letzten Jahrzehnt schon wieder eine Wandlung durchgemacht hat, in Johnson's Court hat Dickens' Karriere begonnen. Als er seine erste Erzählung geschrieben hatte, warf er sie »im Dämmerlicht eines Abends unter Angst und Zittern in einen dunklen Briefkasten eines dunklen Büros in einem dunklen Hof in Fleet Street«. Daß der große Mann dieses Gefühl gekannt hat, ist tröstlich, und wir vertrauen diese Zeilen der Mailbox an, der elektronischen.

Streiflicht

Als Charles noch nicht alt war aber auch nicht mehr ganz jung und mal wieder auf Schloß Windsor entspannen wollte, holte ihn eine Affäre ein, die für eine Weile verschüttet gewesen war. Eine Geliebte, eine nette namens Nelly, Schauspielerin überdies, hielt ihm auf der St. Albans-Straße ihr gemeinsames Kind entgegen, war etwas ungehalten über den treulosen Vater, nannte ihn »mein kleiner Bastard« – den Säugling nicht den Vater – und verlangte, was ihr gutes Recht war, einen ehrlichen Namen für den Sohn. Wo sind wir denn, brummte Charles, schaute sich um und sagte, weil er gerade eine joviale Phase hatte, sie solle ihn doch einfach den Herzog von St. Albans nennen. Zur Belohnung redete Nelly ihren Herzkönig nur noch mit Charles den Dritten an, weil sie nämlich vor ihm schon zwei Herzbuben gehabt hatte. Tatsächlich handelt es sich natürlich um Charles II., der, als er starb, keinen Thronfolger hinterließ, dafür fünf Mädchen und acht Jungen, mit deren Müttern er nie verheiratet war und die deshalb nur Herzöge werden durften aber nicht König.

Wir zeichnen das hier noch einmal in groben Strichen auf, um anzudeuten, daß es mit den guten Sitten im alten England seither immer nur aufwärts gegangen ist, und daß der derzeitige Thronfolger, der einmal Charles III. wird, ein vergleichsweise, aber wirklich nur vergleichsweise keusches Leben geführt hat. Wenigstens ist er seiner eigentlichen Liebe, der Dame Camilla Parker Bowles lange ziemlich treu geblieben. Wenn er damals nicht so schüchtern gewesen wäre, hätten sie demnächst Silberne Hochzeit feiern können. Frau Camilla ist nach landläufiger Meinung sicher nicht so schön wie die unglückliche Diana, aber sie kennt die Spielregeln bei Hof und hätte vielleicht, da zusammen mit ihm gereift, klüger taktiert. Sie ist ja verwandt mit der berühmten Alice Keppel, die wiederum die Geliebte von Edward VII. war, dem ersten König in diesem Jahrhundert. Die Frau Keppel hatte es sogar verstanden, sich mit der Königin zu arrangieren, und als der König starb, wurde die Geliebte von ihr ins Sterbezimmer gerufen, um ihm den Abschied zu erleichtern. Die Königinnen, mit ein, zwei Ausnahmen, haben sich immer majestätisch gehalten, während die Herren auf dem Thron fast alle ihre Geliebten hatten, die sie mehr oder weniger gut behandelten, aber selten ehelichten. Und ob Charles, der nun gerade in Australien sein memento mori überlebt hat, als ein ziemlich Verrückter auf ihn geschossen hat, ob Charles also in sich gegangen ist und endgültig auf Camilla verzichtet, oder ob er in Zukunft nur vorsichtiger sein wird, wir wissen es nicht.

Die Moral von alledem? Keine. Außer, daß es um die Moral nie sonderlich gut bestellt war am englischen Hofe. Der inzwischen 14. Herzog von St. Albans, Mitglied einer der vornehmsten Familien, sitzt als Lord im Oberhaus.

Der Mann, den Diana aushält

»Meine Bilder sehen mehr Leute als die von Picasso«

Er kennt sie nun schon seit zehn Jahren, verdient an ihr, macht sich ihr Aussehen und ihr Älterwerden zunutze und lebt nicht schlecht dabei. Das eigene Haus in Windsor, das Coupé aus München, selbst die flache rechteckige Schweizer Armbanduhr für zwei Zeitzonen, in New York gekauft, all das verdankt er der wichtigsten Frau in seinem Leben. Mark Saunders ist Photograph, und sein Geschäft ist die Indiskretion. Er und seinesgleichen werden von Verächtern »monkeys« genannt, weil sie wie Affen in unmöglichen Haltungen an unmöglichen Orten herumturnen, aber Mark Saunders und sein Partner Glenn Harvey sehen sich als Paparazzi. Das ist für die Objekte ihrer Objektive ein Haßwort, und Mark ist froh, daß seine Landsleute das italienische Wort nicht übersetzen können. Denn er denkt, Paparazzo bedeute Kanalratte. Aber es ist der Name einer Romangestalt von George Gissing, den Fellini in seinem Film »La Dolce Vita« für einen Sensationsphotographen übernommen hat. Durch die Sucher seiner Canon-Kameras, durch die langen, dicken Objektive, die selbst in ruhendem Zustand Aggression verraten, sieht Mark Saunders immer nur die eine: Diana, Princess of Wales.

Mark Saunders, 32 Jahre alt, unverheiratet, wohnt in einem kleinbürgerlichen Viertel von

Windsor, eineinhalb Meilen und eine ganze Welt entfernt vom königlichen Schloß. Manchmal trifft er im Gasthaus Two Brewers, gleich am verschlossenen Tor zum Schloßpark, noch den alten Roy Milligan, der hat ihn vor langer Zeit in das Handwerk eingewiesen. Dann reden sie über königliche Affären. Roy Milligan ist um die achtzig und wohl der älteste Paparazzo der Welt, er zielt immer noch mit langen Linsen auf die Königin. Hofft auf den goldenen Schuß, wenn die Königin vom Pferd fällt. Für Mark zählt nur Diana. Er stellt ihr nach, er lauert ihr auf, er verfolgt sie. Er rennt ihr voraus, um sie frontal zu nehmen. Das ist ein schweißtreibendes Geschäft.

Die Gilde der Paparazzi in London umfaßt kaum ein Dutzend Photographen, und Mark gehört zur Spitzengruppe. Zu denen, die sich nicht von Einladungen korrumpieren lassen und die nicht zum offiziellen Pressecorps gehören, wenn Diana oder sonstwer aus der Königsfamilie auf Tour geht. Mark gehört zu den Besten, auch wenn ihm das ganz große Bild, das zur Ikone geworden wäre, noch nicht geglückt ist und schon gar nicht die Photofolge, die Millionen einbringt. Eines Tages wird es so weit sein, vielleicht schon morgen.

Heute wartet er wieder am Harbour Club, dem Fitnesscentre an der Themse im Londoner Stadtteil Chelsea. Das ist des Paparazzos Alltag, die Arbeit für die Hypothek und die Telephonspesen. Diana, wenn sie nicht mit ihrem neuen Freund Dodi Fayed Besseres zu tun hat, fährt gewöhnlich gegen acht in ihrem BMW vor. Sie arbeitet sich aus an den Geräten im Turnsaal, dem Gym, und verläßt das Gelände nach hitzigen Übungen, ohne zu duschen. Das wissen die Jungs ganz zuverlässig, und es ist auch einleuchtend. In ihrem früheren Gym war sie im hautengen Body heimlich abgelichtet worden; ein skrupelloser Besitzer machte ein Vermögen mit unverschämten Bildern. Im Harbour Club ist man diskret, doch ist es, wie bei jeder Bestechungssumme, nur eine Frage von Nullen.

Eine Weile hatten sie gutes Schußfeld auf Diana. Aus der oberen Etage eines der Reihenhäuser gegenüber dem Harbour Club, der ohnehin hinter hohen Mauern verschwindet, hatten sie hinter der Gardine gelauert, bis die Sicht vielversprechend war. (Die Bestechungssumme für den Wohnungsmieter belief sich auf bescheidene 50 Pfund.) Meist aber lehnt Mark seine kurze Leiter an die Mauer, um hinüberzulinsen. Dabei ist nie ganz sicher, ob Diana wirklich nicht photographiert werden will. Neulich hatte sie ihn entdeckt, verharrte im Eingangsbereich und kam nach kurzer Zeit zurück, die *Financial Times* lesend. Es gibt kein Photo, sagen die Paparazzi zur Selbstrechtfertigung, das sie nicht gewollt hätte.

Heute kommt sie nicht. Stattdessen trifft Mark einen alten Kumpel, der schon ein paar Stunden hier verbracht hat, weil die Zeitungen überall in der Stadt Photographen postiert haben – überall, wo sie sein könnte. Mark hat ein paar Kontaktleute angerufen und ist eine gute Stunde durch die Straßen von Knightsbridge und Chelsea gefahren, vorbei am Haus ihrer Stiefmutter, vorbei an einigen einschlägigen Restaurants. Neuerdings macht er auch einen Schlenker zum Stadthaus des Dodi Fayed, aber Dianas grüner BMW ist nicht in der Stadt.

»Noch ein Jahr, dann hör ich auf«, sagt Mark. Dann wird er – das erzählen Journalisten gerne, wenn sie genug getrunken haben – nur noch Romane schreiben. Ein Manuskript, ein Gangsterstück, ist fast fertig. »Da kann ich meine Ortskenntnisse verwerten.« Schließlich ist er schon in allen Erdteilen gewesen, er folgt Diana überall hin. Australien, die Staaten, Mauritius, das Mittelmeer, Spanien ist fast ein Heimspiel.

Zum Beispiel: »Habe ich dich aufgeweckt?« fragt sein Agent, als er Mark eines Morgens aufweckte, und nach minimaler Konversation gab er die Weisung: »Flieg nach Spanien, Diana ist seit gestern da.« – Shit, denkt Mark und fragt: »Wohin?« – »Costa del Sol.« – »Ja und? Wo?« – »Wie soll ich das wissen, die Costa del Sol ist nicht so groß.« Mark und sein Partner nahmen das nächste Flugzeug nach Madrid, haben Diana tatsächlich gefunden und ein paar brauchbare Bilder nach London gefunkt. »Du darfst nicht denken, du mußt einfach draufdrücken«, sagt Mark. Der Unterschied zwischen einem langweiligen Schnappschuß und einer aufregenden Situation kann eine halbe Sekunde sein. Da war Diana beim Tennisspiel, sie ist nicht die größte Spielerin. Mark saß in den Büschen oberhalb des Platzes. Es war zum Gähnen. Und dann stand sie am Netz, »sie beugte sich vorne rüber, ich hatte sie voll im Visier, und: Bingo«.

Er hatte immer Journalist sein wollen, schon als Junge. Als Kind einfacher Eltern hat er den Akzent der arbeitenden Klasse bis heute nicht abgeschliffen. Nach der Schule ging er in die Fabrik, eine Kabelfabrik, in der sein Vater Vorarbeiter war. Manchmal fährt er mit seinem BMW daran vorbei, um zu spüren, wie weit er es gebracht hat. Als junger Mensch ist er dann beim *Windsor Express* untergekommen, dem loyalen Lokalblatt Ihrer Majestät. Dort begegnete er auch dem alten Roy Milligan, und der machte ihm klar, daß mit Schreiben nichts zu verdienen ist. Trotzdem wäre Mark heute gern Kriegskorrespondent für ein angesehenes Blatt, vielleicht den *Independent* oder den *Guardian*. »Ich lese all diese Boulevardzeitungen nicht, das ist sowieso alles erfunden«, pflegt er zu sagen.

Der Paparazzo verbringt viel Zeit im Family Tree Café bei vielen Capuccini und der Lektüre mehrerer Boulevardzeitungen. Dies ist nicht das mondäne Chelsea. Gegenüber dem Harbour Club reihen sich viktorianische Arbeiterhäuschen. Für Mark ist es obszön und bizarr, wie er sagt. »Hier wohnen die Ärmsten der Armen, alleinstehende Mütter, die ihr Kind nicht auf die Straße lassen können, weil es von einem Rolls oder einem Merc überfahren werden könnte.«

Er stammt aus Slough, was zwar gleich neben Windsor liegt, aber eher eine Metapher für Kleine Leute ist, da schwingt etwas mit wie bei Peine oder Castrop-Rauxel. Diana ist in Sandringham geboren, einem Schloß der Königsfamilie. Sie ist drei, vier Jahre älter als er, ist also in seinen Augen nicht mehr jung. Eines der erfolgreichsten Photos, das Mark und sein Partner in den letzten Jahren geschossen haben, war ein auf den ersten Blick banales Bild. Diana, auf dem Parkplatz des Harbour Clubs, läuft dem Betrachter davon, Diana auf der Flucht – schon oft dagewesen. Erst bei genauerem Hinsehen hatte die Frau von Marks Partner an Dianas Oberschenkel wahrgenommen, was in den Boulevardzeitungen unter der Schlagzeile »Cellulitis« lief. Diana, die angeblich die Groschenpresse auch nicht liest, ließ dementieren, aber Mark und Glenn brachte das Bild der ersten Alterserscheinung einer öffentlichen Schönheit mehr ein, als Mark in seiner Reporterzeit beim *Windsor Express* in einem Jahr verdiente.

Sie entgeht ihnen selten. Mark findet Diana, wenn Diana in der Stadt ist. Im Bereich Fulham, Chelsea, Kensington kennt er die Orte, die sie ansteuert. Sie protestiert oft, wenn er ihr den Weg verstellt. »Lassen Sie mich in Ruhe«, ruft sie, kann aber auch rüde werden. Oder sie ist besonders schrill, um Passanten gegen den Paparazzo aufzubringen. Manchmal kam sie schon über die Straße gelaufen, um den Zudringlichen öffentlich zurechtzuweisen. Sie haben sich Verfolgungsjagden geliefert, und einmal, auf der Autobahn Richtung Windsor, hatte Mark nach dem Überholen bei hoher Geschwindigkeit einen leichten Stoß an der hinteren Stoßstange gespürt. »Das kannst du keinem erzählen, nicht einmal deinen Freunden in der Kneipe. Soll ich sagen: ›Heute hat mich Diana auf der Autobahn angebumst‹?«

Mark kennt, sagt er, die besten Restaurants der Welt. Und in keinem ist er je gewesen, muß sich meist mit Fast Food begnügen. »Ich kenne sie alle nur aus der Trottoir-Perspektive.« Wenn sie nach dem Dinner herauskommt, warten Mark und seinesgleichen schon. Er sieht sich nicht als Gentleman, sagt der Arbeiterjunge, »ich hasse die Aristokratie«. Von dem Londoner Photographen Jason Fraser ist überliefert, daß er einmal auf offener Straße Diana seinen belichteten Film aushändigte, weil sie, ertappt bei einem Rendezvous mit einem Unbekannten, heiße Tränen weinte. Das würde Mark nie einfallen. Und im Family Tree Café, unter den Paparazzi, ist die Geschichte umstritten. »Bullshit«, sagt einer, »Jason hatte den Job versaut und dann seine Schau abgezogen.«

So ist es nicht leicht, dem Gewerbe des Mark Saunders romantische Züge abzugewinnen. Ob er sich vorstellen könnte, einen Auftrag abzulehnen? Nein, er würde alles machen, wirklich alles. Diana nackt unter der Dusche? Das würde eine Menge Geld bringen. Mark Saunders sieht das so: Sie hat es nicht anders gewollt. Sie wollte berühmt sein, und sie hat dazu die Presse benutzt, wenn es ihr ins Konzept paßte. Nun kann sie nicht mehr wählen. Der einzige berühmte Mensch, der es je geschafft hat, in die scheinbare Anonymität zurückzutauchen, war John Lennon – mit trauriger Konsequenz. »Von Diana wird das letzte Photo gemacht, wenn sie begraben wird.« Wenn Mark der Princess of Wales raten sollte, wie sie unbehelligt leben könnte, dann weiß er nur eine Lösung: ein großes Anwesen in Cornwall, ein

Herrenhaus mit viel Land drumrum. Vier Monate würde die Weltpresse an den Zufahrten lauern, weitere vier Monate würden noch die Agenturen ihre Leute schicken, für abermals vier Monate blieben ein paar »freelance photographers«. Danach hätte sie Ruhe. Hinter Marks zynischer Fassade verbirgt sich ein Zyniker.

Er hat oft dieses Gefühl, eines anderen Menschen Leben zu leben, weil er immer nur an diese eine Frau denken muß. Es ist wie ein »second hand life«, sagt er, immer nur Diana. Falls er Ängste hat, dann schubst er sie zur Seite, und Mitgefühl mit dem Opfer hat er schon gar nicht. Gelegentlich hat er von ihr geträumt, und das war auch wenig romantisch: sie beugte sich über ihn und hatte ein kleines scharfes Messer in der Hand, und er lag unter ihr, und sie war im Begriff, »an mir herumzuschneiden«. Als er aufwachte, war ihm so heiß, wie es in diesen Tagen in London ist bei der ewigen Jagd.

Nur einmal in all den Jahren haben Mark & Diana eine Art Mensch-zu-Mensch-Begegnung gehabt. Das ist der Moment in seiner Karriere gewesen, den er nicht missen möchte, obwohl er doch eigentlich ein Fehlschlag war. Der Junge aus dem Volk und die aristokratische Lady können nicht zusammenkommen, keine Chance. Außerdem war die Begegnung aus Marks Sicht das Resultat eines Kunstfehlers. Dabei wurde ihm für die Dauer eines Augenaufschlags deutlich, warum Männer so hoffnungslos hingerissen sein können von dieser Frau.

Er hatte ihr Auto entdeckt, den Audi, also war

es, kurz bevor sie den BMW anschaffte. »Du suchst nicht nach ihr, du suchst nach dem Auto. Manchmal trickst sie, dann geht sie in ein Parkhaus.« Der Wagen stand an Lennox Gardens, einer ruhigen Seitenstraße, nicht weit vom Kaufhaus Harrods. Sie würde bald zurücksein, dachte Mark, es blieb nur eine halbe Stunde auf der Parkuhr. Also parkte er hinterm Audi und sondierte das Terrain. Auf Beauchamp Place, hundert Meter entfernt, war sie von nirgendwo auf der anderen Straßenseite aufgetaucht, und er wunderte sich noch, warum er sich auf einmal so nackt und bloß und impotent fühlte. Dann wurde ihm heiß: Die verdammten Kameras, sie lagen auf dem Autositz. »Wohin du auch gehst, die eiserne Regel ist, du darfst nie deine Kameras im Stich lassen.«

Es dämmerte schon, sie hatte ihn nicht erkannt, er wollte unauffällig an ihr vorbei, wollte vor ihr am Auto sein. Sie ging schneller. Er ging schneller. Sie schaute über die Schulter, ängstlich. Eine Frau allein in einer dunklen Straße, sich bedroht fühlend von einem schattenhaften Mann. Als Mark klar wurde, wofür sie ihn hielt, blieb er stehen, sagte: »Your Royal Highness.« Da verharrte sie, schaute ihm ins Gesicht, atmete durch: »Ach, Sie sind es.« Er fand sie schön. Es sind die Augen, sagt er, die blauen Augen. Sie hatte wenig Make-up aufgelegt. Er wußte hinterher kaum noch, worüber sie gesprochen hatten. Er hatte nach den Kindern gefragt, sie wollte wissen, an wen er seine Bilder verkauft. Sie plauderten dahin. Die Nase, dachte Mark, sie sollte etwas mit ihrer Nase machen. Das Kinn ist toll. Aber vor allem sind es die Augen, diese Augen. Herr im Himmel, dachte er plötzlich, ich hab einen Job zu tun. Ob er denn ausnahmsweise ein Photo von ihr machen dürfe. »Von mir? Ein Bild?« fragte sie lächelnd, als sei das eine ganz außergewöhnliche Bitte, »Oh, ich glaube eher nicht.« Sie stieg ins Auto und fuhr einfach weg.

Schon in jungen Jahren hat Mark gelernt, nichts und niemanden auf der Welt zu bewundern. Er glaubt in der Tat, daß seine Bilder noch von seinen Enkeln und Urenkeln angeschaut werden. Was zählt, sind Copyright, Honorare und Auflagen, »meine Bilder werden an einem Tag von mehr Menschen gesehen als eins von Picasso in einem Jahr«. Ein Photo wie das von William, dem künftigen König, in Eton am Tag vor Dianas berühmtem BBC-Interview. Mark hatte sich unter ein paar deutsche Touristen bei der Besichtigung der Eliteschule gegenüber von Windsor gemischt, und er sah in der Ferne Diana und ihren Sohn. Er sprang auf ein Auto und hatte sie im Visier, fast eine halbe Meile entfernt. Über die Köpfe der Touristen hinweg, durch einen Torweg jenseits eines Hofes, durch noch einen Torweg, da standen sie. Auf dem körnigen Bild war, verdammt noch mal, Diana nur von hinten zu sehen. Auch William war nicht voll getroffen, aber zum Glück für den Paparazzo war Williams Erschütterung sichtbar. Das war die perfekte Illustration für die Tragödie der Windsors und eines künftigen Königs. Körnig und nicht ganz scharf, doch alles, was es braucht, sind identifizierbare Gesichter.

Solche Bilder werden wieder und wieder gedruckt. »Sie sind meine Rentenversicherung«, sagt Mark, »Diana zahlt in mein Bankkonto, sie ernährt mich.«

Mag der »Scoop« von dem Kuß für Dodi Fayed auch dem Italiener Mario Brenna gelungen sein, Mark weiß, es sind noch viele Scoops zu holen. Wenn sie sich erst mal streiten, Diana und ihr Dodi, das wird Bilder geben, die den Paparazzo erfreuen. Er würde schon gern den Ruhm eines Brenna genießen oder so erfolgreich sein wie Daniel Agneli, der Franzose, der Sarah zur Strekke gebracht hat, die Herzogin von York, die sich von einem windigen Mann die Zehen küssen ließ und dabei mehr als barfuß war.

Wenn er vor sich hinspinnt, bei der Frage nach dem ultimativen Bild, dem »Image«, das immer bleibt, dann hat er diesen Wahnsinnsgedanken, daß einer wie er bei der Kreuzigung Christi hätte dabei sein sollen. »Das hätte ein höllisch gutes Bild abgegeben, a hell of a picture«, sagt er, »und stell dir vor: jede Bibel, die verkauft würde, brächte ein bißchen Geld.«

Die Welt steht still für die Herzdame

Britannien trägt Diana zu Grabe

Sie schritten nebeneinander hinter der Lafette mit dem Sarg, drei Männer und zwei Knaben, und wir alle haben es gesehen. Philip, der Soldat und Herzog, ging an der Rechten, den Kopf gereckt, er hat schon so viel erlebt, und Haltung ist ihm zur Natur geworden. Sein Sohn Charles ganz links wußte nicht, was er mit den Händen machen sollte. Er folgte dem Sarg seiner geschiedenen Frau, als hätte er sehr schwer zu tragen. Sie bedeutet allen nun alles, und er weiß das. In der Mitte der aufragende Earl Spencer, Charles Spencer, der älter wirkt als seine 32 Jahre und der in Bitterkeit seine Schwester betrauert. Und die beiden Jungen zwischen den Männern.

Einer ist noch der Kleine. Harry, der »Mummy« – wie an dem Gebinde auf dem Sarg steht – schrecklich vermissen wird, weil er doch noch ein Kind ist. Sein angespanntes Kindergesicht würde Entsetzen zeigen, wenn man ihn nur ließe. Und vor allem der arme William, der große blonde Prinz. Sein Kopf ist gesenkt. Er weiß, daß die ganze Welt auf ihn sieht. Er müht sich wie ein Windsor zu schreiten, wie ein künftiger König, und es ist, als würde er, zwischen Großvater Philip und Onkel Spencer, einen Schritt machen und dann noch einen und dann noch einen. Haltung erwarten sie von ihm, nichts als Haltung. Jeder

Junge, der dem Sarg seiner Mutter folgt, hat ein Recht darauf, daß ihn sein Großvater anfaßt. Nur nicht, wenn zwei Milliarden zuschauen, nur nicht, wenn man ein Windsor ist. Einmal, im Torweg von Horse Guards Parade nach Whitehall, hat Earl Spencer dem kleinen Prinzen Harry ganz kurz die Hand auf die Schulter gelegt, das war alles. Wie anders war das, als der kleine John jr. vor dem Sarg seines Vaters John F. Kennedy salutierte, es war eine Geste, die Stolz zeigte.

Charles Spencer, der jüngere Bruder der toten Diana, zeigt an diesem Tag eine Entschlossenheit, die sonst Sache von Königen ist. Er will jedenfalls nicht zulassen, daß seine beiden Neffen über Gebühr darunter leiden, daß sie Royals sind. Daß einer König werden soll eines fernen Tages, lautete seine kaum verschlüsselte Botschaft von der Kanzel an die königlichen Anverwandten, darf nicht heißen, daß sie um ihre Kindheit betrogen werden. Diana haben sie nicht gut behandelt, bizarr hat er ihr Leben in den Palästen genannt. Und ihre Söhne würden von ihm und ihren beiden Schwestern und ihrer Mutter beschützt werden, von Dianas Verwandtschaft: »Wir, die Familie deines Blutes, werden alles tun was wir können, deine liebende Art fortzusetzen, mit der du diese beiden außergewöhnlichen jungen Männer geleitet hast, damit ihre Seelen nicht nur von Pflicht und Tradition beansprucht werden, sondern daß sie frei singen können, so wie du es geplant hast.«

Zum Schluß hätte es ihm fast die Stimme gebrochen, aber auch der Earl bewahrte Haltung bis zuletzt. Als er geendet hatte, nach einem Augenblick der Stille, hob draußen vor der Westminster Abbey der Beifall an. Der Sänger Chris de Burgh schilderte später, wie das Geräusch anschwoll und durch das Westportal drang, er selbst sei es gewesen, der zögernd zuerst geklatscht habe, dann war das ganze Gotteshaus plötzlich von Beifall erfüllt. Keine Kamera zeigte einen der Royals während Spencers Würdigung seiner Schwester. Aber einer, der sie beobachtete, schildert, wie die Königin regungslos dasaß, und daß nur die Kinderprinzessinnen Beatrice und Eugenie, Töchter der Herzogin von York, in ihre kleinen Hände klatschten, während die anderen Royals steinernen Gesichts einen weiteren Bruch der Etikette hinnahmen. Er war gegen sie gerichtet.

Am Ende der Woche des langen Abschieds, in der das Königshaus zunächst um jeden Preis an den Traditionen festhalten wollte, war dies der seltsamste Trauerzug und die denkwürdigste Totenmesse, die London je gesehen hat. Es war ein Sieg des Volkes über das königliche Establishment, auch wenn die Verehrung Dianas bisweilen absurde Züge angenommen hatte. Keiner erinnerte sich jetzt mehr, daß Diana einmal als verwöhnte, extravagante junge Frau galt, die in einem Interview ein Verhältnis mit ihrem Reitlehrer einräumte, da war sie noch verheiratet, wenn auch unglücklich. Sie war verschwenderisch in hohem Maß, ein Luxusgeschöpf. Ihre Art, Mode zu tragen und zu machen, füllt auch nach ihrem Tod die Magazine; unter den Trauergästen waren

Modeschöpfer, selber Stars wie der Veteran Karl Lagerfeld.

Und sie wollte die »Königin der Herzen« sein, wie sie in dem notorischen BBC-Interview gewispert hatte, und worüber die Aufgeklärten im Land seinerzeit gelächelt hatten. In der Woche seit ihrem Tod und am Beerdigungstag ist dies aber das Wort, das von vielen der Hunderttausenden mit selbstverständlicher Ernsthaftigkeit auf sie verwandt wird.

Manche haben ihren Blumentribut mit einer Spielkarte geschmückt, der Herzdame. »Du warst die beste im Spiel.« Auch daß sie, wie ein Chefredakteur vor zwei Jahren ironisch sagte, sich zu »einer Kombination von Super Model und Mutter Teresa« stilisierte, das wäre am Samstag auf den Straßen von London nicht als ironisches Aperçu aufgenommen worden, sondern als die pure Wahrheit. Ihr Bruder, der Earl Spencer, hatte wenigstens ein paar Widerhaken in seine Würdigung eingebracht. Kein Grund, die Erinnerung an sie heiligzusprechen, groß genug als Mensch sei sie gewesen, um zur Heiligen zu werden. In ihrem Herzen eine unsichere Person, fast kindhaft in ihrem Bemühen, Gutes für andere zu tun, damit sie sich befreien konnte, von den tiefen Gefühlen der Wertlosigkeit. Ihre Eßstörungen seien nur ein Symptom dessen gewesen. Indem er, behutsam, ihre Schwächen bekannte, hat er sie noch mehr erhöht.

Der Earl wußte, daß er nicht nur zu den Royals sprach, nicht nur zur Trauergemeinde, nicht einmal nur zum Land, sondern zu der ganzen Welt. Die Welt braucht Bilder, die Menschen wollen sie im Kopf behalten und denken, daß es ihre eigenen sind. Sie war eine virtuelle Prinzessin, fast eine Kunstfigur, wie sie nur in der Bilderwelt möglich ist. Und so wird das Bild von ihr weiterleben, was mit Diana passiert, ist die neue Wirklichkeit. Für die Zeremonie hatte der große Elton John sein Lied von der »candle in the wind« neu texten lassen. »Goodbye Englands Rose, du wächst für immer in unseren Herzen. Du warst die Gnade, die sich aufgetan hat, wo Leben zerrissen wurde.« Das war ursprünglich ein Song auf Marilyn Monroe, die auch nur 36 geworden ist, für immer jung, so wie Diana. Welcher Kult wäre Marilyn gefolgt, wenn es schon zu ihrer Zeit diese allumfassende Bilderwelt gegeben hätte.

Manche Bilder sind nur halböffentlich gewesen, sind nur von wenigen Auserwählten gesehen worden. Als die Elitesoldaten der Walisischen Garde den Sarg wieder aufnahmen, war dies vielleicht der schlimmste Augenblick im Leben der beiden jungen Prinzen. Der kleine Prinz Harry folgte ihm mit den Augen, Prinz William hatte, wie einer berichtete, diesen Blick seiner Mutter von unten nach oben und mit derselben Scheuheit, und als die rotbejackten Sargträger quälend langsam ihre Schritte zum großen Westportal der Abtei machten, neigte er den Kopf. Auch die Königin hatte, in aller Öffentlichkeit, den Kopf geneigt. Das war, als die Lafette mit dem Sarg auf dem Weg zur Abtei ihren Palast passierte. Da hatte sie mit ein paar Familienmitgliedern vor dem Tor gewartet; die Königin in Schwarz und ihr gegenüber ihr Volk zu Tausenden. Sie bekam sogar etwas höflichen Beifall, als sie sich blicken ließ.

Doch richtig geklatscht wurde später. Die Menge löste sich zögernd auf, als einige wenige damit anfingen. Immer lauter, unangemessen dröhnend wurde der Applaus. Scheinbar gab es nichts zu sehen, und die Polizisten schauten ratlos in die Menge. »Die Flagge«, rief einer, »sie haben die Flagge aufgezogen. Halbmast.« Tagelang hatte der Hof, so lange die Königin weit weg in Schottland war, gar nicht Flagge gezeigt, dann wehte der königlichen Stander. Und jetzt, auf Halbmast, der Union Jack.

Während des Gottesdienstes in der Abtei haben Zehntausende im Hyde Park die Übertragung auf zwei Bildschirmen verfolgt, die zwar riesig waren, aber für die Menge doch so klein, daß viele die Leinwand gar nicht sehen konnten. Sie saßen im Gras, den Blick ins Nirgendwo gerichtet und lauschten der Übertragung aus den Lautsprechern, die an Kranschnüren in der Luft baumelten wie fette Fliegen. Wir haben niemand gesehen, der herzzerreißend geweint hätte, die Leute haben rote Augen, sie schniefen, doch weinen sie still. Die Traurigkeit ist ansteckend, nichts macht trauriger als der Anblick trauriger Menschen. Es war der größte Open-Air-Gottesdienst, den Britannien je gesehen hat.

Können sie denn alle Diana so geliebt haben, wie es die Massenstimmung suggeriert? In Althorp, dem Ort in schönster englischer Landschaft, wo sie am Nachmittag endlich begraben wurde, zweifeln manche daran. »Wir haben sie sehr geliebt«, zitiert der *Observer* eine Witwe im Dorf, »aber nicht auf eine Weise wie all die, die nun glauben sie zu lieben. Für uns war sie ein wirklicher Mensch, für den ein stilles Begräbnis angemessen wäre. Was da anderswo passiert, ist die reine Showbiz Hysteria. Verständlich, aber leicht unangenehm, glauben Sie nicht?«

Für die Millionen, die nach dem Gottesdienst in der Abtei den letzten Weg Dianas säumen, die den Leichenwagen mit Blumen bewerfen, daß dem Fahrer manchmal die Sicht genommen wird, ist alles abgefallen von ihr, was je ihr Bild getrübt hätte. Nicht nur vergeben, sondern einfach vergessen, als hätten sie sich die »Prinzessin des Volkes« nach einem Ideal neugeschaffen. Es war ja wirklich das Volk, das die Straßen säumte, schlicht jedermann. Sie waren auch dabei, wie mancher einräumte, damit sie in zwanzig Jahren nicht zugeben müssen, nicht dabeigewesen zu sein.

Aber was da verehrt wird, ist eine moderne Marienfigur – im Palast von St. James's vor dem Eintrag in die Kondolenzlisten haben die ersten schon Diana-Erscheinungen gehabt – irgendwann wird es Ketzer geben, die daran zweifeln, daß es diese Diana überhaupt gegeben hat. Sie werden behaupten, daß da mal eine junge Frau war, die auch eine Sünderin gewesen ist. Mutter Teresa und Diana, Princess of Wales, in einem Atemzug zu nennen, wird das dem Lebenswerk einer alten Nonne gerecht?

Am Ende haben sie Diana 88 Meilen über Land gefahren, zum Herrensitz der Spencers, wo die Familie seit einem halben Jahrtausend ansässig ist. Auf Althorp hat Diana nach der Scheidung ihrer Eltern ihre nicht sehr glückliche Kindheit verbracht. Dort, im Park von Althorp, auf einer Insel in einem angelegten See, ist sie begraben worden, nachdem zwei Tage zuvor ein Bischof die Erde geweiht hat. Die künstliche Insel gibt ein Bild wie von einem Präraphaeliten gemalt. Nach der Familientradition sind Eichen auf ihr gepflanzt, auch von der königliche Familie, auch von Charles und seinen beiden Söhnen in glücklicheren Tagen. Der nachgemachte griechische Tempel, den ein früherer Lord Spencer im vorigen Jahrhundert errichtet hat, ist hinter den Bäumen nicht zu sehen.

Der neunte Earl Spencer hat versprochen, daß er die Insel einmal im Jahr für Besucher zugänglich machen will. In der übrigen Zeit können die jungen Prinzen dort in der Intimität einer artifiziellen Landschaft ihre tote Mutter betrauern.

Der Dauergewinner im großen Monopoly

Was der Herzog von Westminster über die Bedeutung des Geldes im Leben denkt

Monopoly müßte man mal wieder spielen, dachten wir hinterher. Und man müßte von vornherein die grünen Straßen haben und die blauen und darauf viele Häuser bauen, besser noch Hotels. Das wichtigste ist, wie wir gerade gelernt haben: nichts verkaufen, auf gar keinen Fall verkaufen. Gerald Grosvenor macht das nämlich auch nicht. Sein Vater hat es nicht getan, sein Onkel nicht, keiner seiner Vorfahren hat je eine von den grünen oder blauen Straßen verkauft. Höchstens mit Rückkaufrecht. Park Lane und Mayfair, die auf dem deutschen Spielbrett schlicht Schloßallee und Parkstraße heißen, sind inzwischen sowieso unbezahlbar.

Gerald Cavendish Grosvenor, verheiratet, zwei Kinder, ist ein immer noch junger Familienvater. Wir ertappen uns bei dem leicht naiven Gedanken, daß er, gemessen an dem vielen Geld, verdammt jung ist. Er ist gerade 38 Jahre alt und ist Herzog von Westminster, ein Titel, den er samt dem Vermögen von seinem Vater, dem fünften Herzog, geerbt hat. Außerdem ist Gerald G. noch Marquess of Westminster, Earl Grosvenor, Viscount Belgrave, Baron Grosvenor und 15. Baronet von Eaton.

Doch außer seiner Armbanduhr – eines dieser

schweizerischen Meisterwerke, die nur in kleiner Stückzahl gefertigt werden und irgendwann im nächsten Jahrhundert ein paar Sekunden justiert werden müssen – entdecken wir nichts, was einen exorbitanten Reichtum verraten würde. Der goldene Wappenring am kleinen Finger ist solide und dezent. (Das Familienwappen, flankiert von Fabeltieren, trägt das Motto: »virtus non stemna«, nicht die Ahnen zählen, sondern die Tugend.) Der Anzug stammt wahrscheinlich von einem Taylor in der Saville Row, da, wo in London die ganz Feinen und sehr Reichen schneidern lassen.

Jemand hat ausgerechnet, daß sich das Vermögen des Herzogs stündlich um dreitausend Pfund Sterling mehrt – aber wer mag das nachprüfen; der Herzog läßt sich gar nicht erst auf diese Spekulation ein. Die Tabelle im *Magazine Fortune* ist für ihn »Fiktion und sonst gar nichts, nicht mehr als ein Blick in die Kristallkugel«. Jedenfalls wurde da sein Vermögen auf vier Milliarden geschätzt, und das ist eine Größenordnung, bei der es schon ziemlich egal sein kann, wie sich das in Mark umrechnet. Er ist, sagt man, nach der Queen, der wohlhabendste Mensch im Königreich. Wenigstens macht er keinen Hehl daraus, daß er es genießt, ein reicher Mann zu sein. Es irritiert ihn nur, sagt er, daß ihm wieder und wieder so alberne Fragen über seinen Reichtum gestellt werden.

Was er am meisten genießt, von dem, was mit Geld zu bezahlen ist? »Ich glaube, daß ich in der Lage bin, bequem zu reisen, wohin immer ich will.« In eineinviertel Stunden von London heimzukommen nach Cheshire, einfach hinwegzufliegen über den Fünfzehn-Meilen-Stau, in dem die da unten am Londoner Stadtrand so hoffnungslos festsitzen, das sei schon was. »So ein Hubschrauber ist ein sehr nützliches Gerät«, sagt er, und: »Dieser Hubschrauber turnt mich schon mächtig an.« Freilich, um seine relative Anspruchslosigkeit deutlich zu machen, betont er etwas später, daß er kein Privatflugzeug besitzt. Könnte er sich schließlich leisten.

In der Nähe von Chester, wo wir – eine kleine Journalistengruppe – den Duke treffen, ist die Familie seit über neun Jahrhunderten auf dem Herrensitz Eaton zu Hause. Ein Grosvenor, Urahn des Herzogs, hatte das Glück, mit Wilhelm dem Eroberer nach England zu kommen, und weil er sich in der Schlacht von Hastings – 1066, wie wir alle gelernt haben – so wacker geschlagen hatte, wurde er vom König mit dem Lehen von Chester bedacht. Das war der Grundstock für soliden Wohlstand, aber was heute mehr zählt, ist die Mitgift der Mary Davies, die vor drei Jahrhunderten einen Vorfahren des Herzogs, der aber selbst noch kein Herzog war, heiratete. Die Notarstochter Mary Davies besaß nämlich ein paar bescheidene und ziemlich sumpfige Wiesen. Sie lagen schon etwas außerhalb von London, stellten sich später aber als Bauerwartungsland heraus und heißen längst Mayfair und Park Lane, Pimlico und Belgravia.

Es gibt eine Gegend in London, womöglich die feinste von allen, da trifft man an jeder Straßenecke auf die Geschichte der Familie Grosvenor. Bei der Duke Street ist die Namensgebung offenkundig; der Eaton Place, den wir aus der Fernsehserie kennen, ist nach dem Stammsitz der Grosvenors in der Nähe von Chester benannt; die Davies Street schließlich erinnert an die jugendliche Braut, die diesen Flecken Erde mit in die Ehe gebracht hat. Der Duke geht gern durch diese Gegend, wie er gelegentlich im Gespräch mit dem Kolumnisten John Mortimer eingeräumt hat, und mit allzeit wachem Sinn. Ihm fällt sogar auf, wenn irgendwo eine Fassade einen neuen Anstrich gebrauchen könnte, und besonders eigen ist er mit Ladenschildern. Da können die Leute nicht einfach aufhängen, was ihnen so einfällt. »Sicher, es ist jetzt alles Stein, dies sind keine Wiesen mehr, aber es gibt noch immer einen gewissen Besitzerstolz. Und ich möchte gern, daß dieses Stück Land gut aussieht.« Sein Büro hat Gerald G. gleich in der Nähe vom Claridge's Hotel.

Dieses holzgetäfelte Büro, in dem der Land-Lord und Unternehmer seinen Arbeitstag zubringt, falls er nicht gerade irgendwo in seinem Reich unterwegs ist, dieses Office ist auch so ein Ort, an dem die Geschichte gegenwärtig ist, jedenfalls Familiengeschichte. Da ist das Porträt der Maid Mary und das eines viktorianischen »Field Marshall Grosvenor«, eines Mannes mit melancholischen Augen, der die militärische Familientradition verkörpert. Dem gegenwärtigen Herzog, der hinter aller jungenhaften Aufgeräumtheit gleichfalls etwas verträumt wirken kann, was aber an den dunklen Augenrändern liegen mag, traut man große militärische Durchsetzungskraft nicht zu. Er hat es schließlich auch nicht zum Feldmarschall gebracht, sondern kommandiert lediglich eine kleine Einheit der Territorial Army, eine Art Reservetruppe, die sich in ihrer Freizeit in Landesverteidigung übt.

Ganz in der Nähe seines Büros ist die amerikanische Botschaft. Sehr reiche Leute können in der Gegend zwar Häuser kaufen, aber der Boden ist nur gepachtet und bleibt des Herzogs Eigentum. Selbst die US-Botschaft steht auf gepachtetem Gelände (ebenso wie die deutsche Botschaft in Belgravia). Die Amerikaner haben es auch nicht geschafft, obwohl sie mal nahe dran waren, einem der Herzöge den Boden abzuhandeln. Nach dem Krieg wollten sie die zerstörte Botschaft auf eigenem Grundstück wieder aufbauen. Das britische Außenministerium machte sich bei der Familie für die verbündete Macht mit dem Argument stark, daß den Amerikanern überall auf der Welt – sogar hinter dem Eisernen Vorhang – das Land gehöre, auf dem die jeweilige Botschaft steht. Die Grosvenors gaben nur scheinbar nach: Er wäre einverstanden, erklärte der Onkel des heutigen Herzogs, wenn die Amis jenes Stück Land in Amerika freigäben, das sie einst der Familie abgenommen haben. Das schien nur recht und fair, erwies sich jedoch als tricky. Denn danach hätten die Grosvenors Anspruch auf den größeren Teil Floridas.

Neben Besitzungen in Schottland und Irland, in Shropshire und in Cheshire, in London und wer weiß wo haben die Grosvenors in Übersee längst wieder Grundstücke in bester Lage gekauft, zum Beispiel in San Francisco und in Washington. »Irgendwas, was ich kennen könnte?« fragt Dorothy, die amerikanische Kollegin vom *Philadelphia Inquirer*. 1701 Pennsilvania Avenue, sagt der Herzog. (Während wir uns nur über die hohe Hausnummer wundern, weiß die Kollegin gleich, daß es sich beim Nachbargrundstück Nr. 1700 um das Weiße Haus handelt.)

Erst 1874 waren die Grosvenors von Königin Victoria in den höchsten Adel der Familie erhoben worden. Der gegenwärtige Herzog ist nicht einmal selbst als Lord geboren, ist an Titel und Vermögen durch die Zufälle der Erbfolge geraten. Schon dem zweiten Herzog hatte keine seiner vier Ehefrauen einen Sohn geboren. Danach sprang der Titel noch zweimal auf eine andere Linie, weil die jeweiligen Titelträger kinderlos blieben. Als Geralds Vater in den fünfziger Jahren Herzog wurde, war er längst in Irland heimisch geworden, war als Bürgerlicher sogar eine ganze Weile Abgeordneter gewesen. Der jetzige Herzog fühlt sich immer noch mehr in Irland zu Hause, wo er aufgewachsen ist, und er sagt: »Mein Herz gehört Irland, und ich hätte mir gut ein Leben als Farmer vorstellen können, aber das Heim der Familie ist Chester.«

Nach akademischem Standard ist der Herzog während seiner Schulzeit nicht gerade ein Überflieger gewesen. An einer der ältesten und wohl einer der besten Privatschulen des Landes, in Harrow bei London, hat er einen mäßigen Abschluß hingelegt, so daß an »Oxbridge« gar nicht erst zu denken war. Stattdessen suchte der junge Lord die Bewährung in der Schule des einfachen Lebens. In Neuseeland, bei Freunden der Familie, war er eine Weile Cowboy. Man habe ihn dort nicht bevorzugt, und wenn doch, dann möchte er nicht wissen, wie eine normale Behandlung ausgesehen hätte. Er pflegt die Erinnerung an die Zeit, als er eine bescheidene Schlafhütte mit acht anderen Cowboys teilte und in bitterkalten Winternächten Kleidung vierfach übereinander trug.

Er ist längst ein harter, auch hart arbeitender »business man«, der es darauf angelegt hat, das ererbte Vermögen nicht nur zu erhalten, sondern möglichst zu mehren. Er steht an der Spitze etlicher Gesellschaften, beklagt sich sogar über die rauhen Zeiten der hohen Zinsen, schließlich müsse selbst er gelegentlich Geld auf dem Geldmarkt leihen. »Aber glücklicherweise ist unser Vermögen etwas solider als das der anderen.« In Chester besuchen wir sein Hotel, das selbstverständlich »The Grosvenor« heißt und eines der teuersten Hotels außerhalb von London ist. Die Renovierung, die zehn Millionen Pfund gekostet hat, ist gerade abgeschlossen. Die Verbindungen des Herzogs zur Kommune Chester sind hervorragend, beide profitieren voneinander. Eine seiner vier Shopping-Arkaden im Land ist gleichfalls gerade aufgemöbelt worden, für zwölf Millionen.

Als er das viele Geld erbte, hätte er da nicht einfach seinen Reichtum genießen können? Nein, das sei ihm nie in den Sinn gekommen. »Nur auf dem Geld zu sitzen, das ist ein extrem unbequemer Zeitvertreib. Außerdem ist es steuerlich nicht sonderlich vorteilhaft.« Und überhaupt: was wir denn nur dächten, wer er sei. Er führe keinen protzigen Lebensstil, wenn er wirklich aufwendigen Müßiggang treiben wollte, »dann würde ich es mir auf den Bahamas gut gehen lassen«, sagt er, »und mich nicht diesem englischen Winter aussetzen.« Dabei ist er keineswegs blaß, was aber einer Sonnenbank zu verdanken sein mag.

Er will das Vermögen für die Familie, für kommende Generationen erhalten. Gerald G. und seine Frau haben zwei Töchter, und er ärgert sich über die Frage, was mit dem Herzogtitel passiert, wenn sie keinen Sohn bekommen. Er hat die Frage von der Seite angenommen und zögert einen Moment, ob er den Frager links liegen lassen soll, entschließt sich aber, den ganzen Körper zu drehen. »Ich bin Präsident oder Schirmherr einer ganzen Reihe von Organisationen, die sich mit Blinden beschäftigen, mit behinderten Kindern, mit mißhandelten Kindern, mit benachteiligten Gruppen, Jungen und Alten.« Sein Jungengesicht wirkt plötzlich viel reifer. »Ich habe zwei völlig normale gesunde Kinder. Sie können richtig sehen, sie können richtig denken, bis jetzt gibt es keinen Grund zur Sorge.«

Wenn er keinen Sohn mehr bekomme, dann werde der siebte Duke of Westminster »meilenweitweg irgendein Vetter fünften Grades« werden, sagt der Herzog, dem das angeblich nichts ausmachen würde: »Wir reden schließlich über nichts als einen Titel. Wichtig ist, was man auf der Welt tut, nicht was passiert, wenn man sie verläßt.« Und natürlich würde er sich freuen, wahnsinnig sogar, wenn er einen Erben hätte, aber: »Gesegnet sei der Tag, an dem Ihnen ein Kind geboren wird, und es ist gesund.« Trotzdem ist Gerald G. überzeugt, daß das Prinzip richtig ist, den Familientitel auf männliche Nachkommen zu vererben. Nur so habe die englische Aristokratie all die Jahrhunderte überdauern können.*

Manche hatten freilich weniger Geschick bei der Mehrung ihres Geldes, die Grosvenors sind da eher eine Ausnahme. Als einmal ein Vorfahr doch ein Stück bestes London gleich an Hyde Park Corner an die Regierung für den Bau eines Krankenhauses verkaufte, bekam er dafür 23.700 Pfund – eine Summe, für die man heutzutage in der Gegend keine Garage mehr kaufen kann. Inzwischen ist das St. George's Hospital längst stillgelegt, und der Herzog hat, gegen alle Proteste, das Land für den selben Preis zurückgekauft. Das war beim Verkauf, zu einer Zeit, als man sich eine Inflation noch nicht vorstellen konnte, die Bedingung gewesen. Mit dem Rückkauf hatte der Duke wieder im Monopoly gewonnen. Bei unserem Monopoly sind solche Gewinnspannen nicht vorgesehen. Und wenn einer doch so viel gewinnt, dann hören wir einfach auf.

* Bald nach dieser Begegnung wurde dem Herzog ein Sohn geboren.

Beim Rabenvater Ihrer Majestät

Wo viele den Kopf verloren haben, hüten sechs schräge Vögel die Monarchie

Dies soll ein Gruß vom Tower sein, an einem dieser heißen Tage eines heißen Sommers in London, aber eine Postkarte reicht nicht recht aus, wie früher, als man nur »mille amitiés« auf die Vorderseite schrieb. Der geborene Londoner besucht den Tower dreimal im Leben. Zuerst zur Schulzeit, da bleibt ihm keine Wahl. Beim zweiten Mal ist er selbst schon Vater, die Kinder quengeln, und man muß ihnen etwas bieten; danach dauert es ein halbes Leben, und er wundert sich, wie teuer alles geworden ist, was daran liegt, daß er inzwischen Großvater ist. Die Besuche Jahrzehnte zuvor haben sich verklärt, und der Enkel soll mal was ganz Besonderes sehen. So sind die wenigen Londoner unter all den Amerikanern und Japanern und Deutschen, die sich an diesem Sommersonntag im Tower drängeln, entweder Opas oder Enkel. Man kommt da nicht zufällig vorbei und keiner denkt, ach, gehste mal wieder in den Tower, bist lange nicht dagewesen. Er liegt nie am Weg, man muß da ausdrücklich hinwollen, so wie all die anderen zwei bis drei Millionen Besucher, die alljährlich durch den Mittelturm strömen, was sie gut zwanzig Mark kostet. Nur vor den Wachspuppen von Madame Tussauds sind die Schlangen länger.

Die meisten kommen, um erstens die Kronjuwelen und zweitens die Beefeaters anzustaunen. Die Beefeaters, die diesen Namen nicht gerne hören, sind Veteranen, die, wenn sie ihre letzte Uniform verschlissen haben, noch einmal eine neue anziehen, eine historische, wie sie schon unter Heinrich VIII. eingeführt wurde, rot und schwarz und von einem Schnitt, zu dem ein moderner Karabiner nicht passen würde. Sie sind, außer daß sie zu bestimmten Gelegenheiten eine Lanze tragen, nicht wirklich bewaffnet, seit die Sorge für die Sicherheit des nationalen Erbes privaten Firmen übertragen wurde. Nur wo sich die Krone als Institution präsentiert und wo es um unschätzbare Werte geht, leistet sie sich den Luxus regulärer Soldaten. Die Regimenter wechseln sich ab, und bei unserem Besuch waren die Ghurkas an der Reihe (selbst so ein Anachronismus, kleine zähe Burschen aus dem fernen Nepal), den Kronschatz zu bewachen.

Beefeaters, Fleischesser also, bekamen diesen Spitznamen angeblich wegen ihres hohen Fleischkonsums. Eine Theorie, die durch Aufzeichnungen gestützt wird, wonach einer Wache von 30 Mann eine Tagesration von 24 Pfund Rind-, 18 Pfund Hammel- und 16 Pfund Kalbfleisch zustand. Nach englischen Maßstäben ist das eben erst (1813) wieder bekräftigt worden. Der Beefeater David Cope freilich besteht auf der unübersetzbaren, wahrscheinlich aus dem Normannischen stammenden Bezeichnung »Yeoman«: einer, dem man trauen kann. Nur nützt ihm das unter Elisabeth II. nicht mehr viel, nachdem die Regierung gerade verkündet hat, daß die Beefeaters künftig schon mit sechzig pensioniert werden sollen, fünf Jahre früher als bisher, um wieder ein bißchen Geld einzusparen.

Wenn Mr. Cope von einem Amerikaner angeredet wird, und wenn er hört, daß der aus Baltimore kommt, dann sagt er: »Ah, aus den Kolonien«, und der Yankee freut sich. (Der Unterschied zwischen England und Amerika: die einen halten 200 Meilen für eine lange Strecke, die anderen 200 Jahre für eine lange Zeit.) David Cope hat uns eine Geschichtsstunde gegeben und ein wenig Vogelkunde vermittelt. Die Daten mag man wohl bald vergessen haben – außer daß Wilhelm der Eroberer bald nach seiner Landung vor neun Jahrhunderten mit dem Bau des Towers begonnen hat – aber alles, was man über Raben je wissen muß, haben wir von David Cope gelernt. Der frühere Major Sergeant, Kompaniefeldwebel mit einem Orden für gute Führung und lange Dienstzeit, die jeder seiner 38 Kameraden vorweisen muß, gehört nicht nur wie die anderen zur Leibwache der Monarchin – das ist ohnehin mehr eine Ehrenbezeichnung, weil sie nur selten in den Tower kommt, um mal wieder ihre Krone anzugucken. Trotzdem ist David Cope für den Fortbestand der Monarchie persönlich verantwortlich. Er ist der amtierende Rabenvater.

Und das kam so: Als Charles II. endlich seiner Sache sicher sein wollte, als der lebensfrohe Mann, nach den freudlos-puritanischen Jahren des Cromwellschen Commonwealth, König wurde, hatte er die Nacht vor der Krönung im Weißen Turm, dem ältesten Teil des Towers verbracht. Wer den Tower hat, hat London, wer London hat, hat das Königreich, so war seine Rechnung. Seither hat kein Monarch mehr hier genächtigt; es war, wie sich zeigte, auch nicht mehr nötig. Das Königsmorden kam aus der Mode. Dieser Charles fühlte sich von den vielen tausend Raben belästigt, die nicht nur einen Höllenlärm machten. »Diese ganze Rabenkacke«, sagt David Cope, der sich auskennt, habe dem königlichen Fuß wenig Raum gelassen. Außerdem konnte sich der königliche Astrologe, der im Weißen Turm residierte, nicht konzentrieren. Also befahl Charles, alle Raben hinzurichten. Bis auf sechs, denn es gibt von alters her die Prophezeiung, an die sich der Monarch erinnern lassen mußte, wonach das Königstum fällt, wenn die Raben den Tower verlassen. Und also ist David Cope, »the Ravenmaster«, für das Wohl von Gwylum und Cedric verantwortlich, für Charlie und Rhys, für Harde und auch den alten Larry mit seinen 22 Jahren. Sie haben ihn, David, als Ober-Raben akzeptiert. Wenn er sie abends mit einem kurzen Pfiff in ihre Käfige weist, dann kommen sie ohne Widerrede angeflattert, bis auf Hardey, der erste in der Hackordnung, der als letzter immer noch etwas schimpfen muß und jeden Abend wieder die Machtfrage stellt. Achtzehn verschiedene Laute habe er mit den Jahren ausgemacht, sagt David, er habe die Rabensprache verstehen gelernt, und wenn er sie auch noch nicht spricht, so wird er gleichwohl verstanden. Und wie Hardey gerade so rumkrakeelt, frage ich ihn, was denn dieses scheppernde »klock, klock,

klock« heißen soll. »Well«, sagt David, »er hat seine Partnerin aus den Augen verloren, und sie soll sich zeigen.«

»Sind sie nicht herrliche Vögel?« fragt David, und in Wirklichkeit seien sie gar nicht schwarz, »die Farbe Schwarz gibt es nicht«, sagt er, »gucken Sie sich das genau an, wie Harvey in der Sonne glänzt.« Tatsächlich leuchtet dessen Federkleid in mancherlei dunklem Glanz, auberginenfarbig und grün, grau und blau und was weiß ich. Raben, lernen wir, sind monogam; wenn sich zwei gefunden haben, bleiben sie einander treu bis in den Tod – suchen sich dann aber, wenn ein Partner tot ist, ziemlich schnell einen neuen.

Ein, zweimal in der Woche stutzt David seinen Raben den linken Flügel, damit sie sich nicht davonmachen. Das tut nicht weiter weh, hindert sie nur daran, sich höher in die Luft zu heben. Das Gefieder wächst schnell wieder nach. Wenn er nicht aufpaßt, dann kann David das Mißgeschick seines Vorgängers passieren, dem ein Rabe abgehauen ist. Er wurde auf dem Dach der Kneipe »Rose and Punchbowl« im Londoner Osten ein letztes Mal gesehen, der alte Rabe. »Wer die Freiheit nicht kennt, überlebt sie nicht«, sagt David, und deshalb paßt er auf. Um aber ganz sicher zu gehen, hat er immer noch zwei in Reserve, Munin II & Hugine II, die neulich eigens von der britischen Airforce aus Schottland eingeflogen wurden und einen General unter Erklärungszwang setzten. Der redete sich damit heraus, daß der Übungsflug auch ohne die beiden Raben stattgefunden hätte, anstatt zuzugeben, daß die Streitkräfte Ihrer Majestät verhindern müssen, daß die Republik ausbricht.

Denn bislang ist es trotz aller Mord- und Totschlag-Affären, die sich im Tower abspielten, nicht gelungen, die Monarchie auszurotten. Was haben sie nicht alles mitansehen müssen, die Raben. Zum Beispiel wie Lady Jane Grey, die siebzehnjährige Kindfrau, die nur neun Tage lang Königin sein durfte, aus ihrem Turm guckte, in dem sie gefangen gehalten wurde, und sie trugen ihren kopflosen Gatten vorbei. Da wußte sie, daß auch sie den Kopf verlieren würde, was in jenen Zeiten leider wörtlich zu nehmen war. Die Zahl der Toten, Adelige und Gekrönte, Verräter und Unschuldige, ist stattlich, allein Heinrich der Achte hat hier zweimal seine Eheprobleme vom Henker lösen lassen.

Unter den Plantagenets, besonders aber unter den Tudors im 15. Jahrhundert wurde der Tower zu jenem schrecklichen Ort, vor dem den Menschen heute noch gruselt. Im Weißen Turm wurde der unglückliche Heinrich VI. umgebracht. Er war schon etwas schwach im Kopf, aber auf seinen natürlichen Tod mochte der spätere Edward IV. nicht warten. Seine beiden jugendlichen Söhne, zarte Prinzen noch im Kindesalter, die in der Legende immer hübscher wurden, verschwanden im Gartenturm, der nun »Blutiger Turm« heißt. Nach vielen Jahrzehnten fand man ein paar Knochen, die von ihnen übrig geblieben waren. Ihr Onkel Richard III. ist durch William Shakespeare als der große Schurke in dieser Affäre unsterblich geworden.

Wo gleichsam offiziell gemordet wurde, wo nicht nur die Raben zuschauten, fielen die Köpfe von Königinnen, Anne Boleyn und Katherine Howard; der große Walter Raleigh, der in Gefangenschaft zuvor noch über viele Jahre seine »Geschichte der Welt« schreiben durfte, starb hier, und Sir Thomas More, der den Henker bat, seinen Bart nach vorn zu legen. »Wenn Sie auch berechtigt sind, meinen Kopf abzuschneiden, so sind Sie nicht befugt, mir auch meinen Bart abzunehmen.« Der Scharfrichter verlangte ein Trinkgeld, damit er die Sache sauber erledigte, was im Fall des Herzogs von Monmouth, einem illegitimen Königssohn, der selber König sein wollte, nichts nützte. Fünfmal hat er zugehauen. »Er hieß Jack Catch, war Schlachter von Beruf und Trinker von Natur«, sagt David Cope. Heute posieren Touristen an der Stelle, wo der Block gestanden hat, bevor sie im Weißen Turm das Beil anschauen gehen.

Wenn er Deutsche vor sich hat, erzählt David Cope gern und ausführlich, daß bis in unser Jahrhundert eine ganze Reihe von Deutschen hier gefangen gehalten wurde. Während des »Great War«, wie die Briten den Ersten Weltkrieg nennen, sind im Tower elf deutsche Spione vor ihr Erschießungskommando getreten. Aber die Briten mit ihrer Schwäche für herrische Verlierer haben die Agenten durchaus nicht als Schufte behandelt. Bevor der deutsche Spion Carl Lody sich den Kugeln stellte, verabschiedete er sich vom Provost-Marshal: »Ich vermute, Sie legen keinen Wert darauf, einem Spion die Hand zu reichen?« Ohne

Zögern erwiderte der Engländer: »Es ist mein Privileg, einem tapferen Mann die Hand zu schütteln.«

Auch die ersten Gefangenen des Zweiten Weltkriegs – die gesamte Besatzung des U-Boots 39 – waren im ersten Kriegs-September vorübergehend im Tower interniert. (Vor ein paar Jahren hat der U 39-Kommandant noch einmal vorbeigeschaut, und David Cope ist stolz darauf, daß er den Deutschen in der Beefeater-Kantine gesehen hat, auch wenn er sich des Namens nicht erinnert.) Später kamen weitere Seeleute hinzu sowie ein paar abgeschossene Piloten, bevor sie an Plätze verschickt wurden, die seinerzeit als sicherer galten, obwohl die alten Gemäuer niemals unsicher gewesen sind. Rudolf Heß, der verrückte Führerstellvertreter, ist im Mai 1941 nach seiner mysteriösen Landung in Schottland für drei Tage hier untergebracht worden, aber der letzte richtige Gefangene war ein deutscher Spion namens Josef Jakobs, der im Tower erschossen wurde.

Wenigstes sind die Leichen nicht mehr von den Raben gefressen worden, was in früheren Jahrhunderten bei Toten niederer Herkunft gang und gäbe war. »Raben sind Aasfresser«, sagt der Rabenvater und verweist auf den vorn gebogenen Schnabel, mit dem sie nicht wie die Krähen zuhacken, sondern Fetzen aus dem Fleisch herausreißen. Man sollte ihnen deshalb nicht zu nahe kommen. Weil sie wilde Vögel sind, lassen sich manche nicht einmal von David Cope zähmen. Vorigen Mai wurden zwei unehrenhaft entlassen. »Wegen eines Verhaltens, das Towerbewohnern nicht zukommt«, verfügte der »Governor of the Tower« im Namen Ihrer Majestät, »werden die Raben Hugine und Jackie vom Tower entfernt. Ihre Dienste sind nicht länger erwünscht.« Sie waren einfach zu zänkisch und sitzen jetzt hinter Gittern in einem walisischen Zoo.

Post Scriptum: Telegramm aus dem Tower: RABE CHARLIE VON POLIZEI-HUND BEI BOMBENSUCHE ERMORDET – RESERVE-RABE HUGINE II HAT DIENST ANGETRETEN – GEFÄHRDUNG DER MONARCHIE ABGEWENDET.

Nachsatz

Die hier vorgelegten Berichte sind in den vergangenen zehn Jahren in der *Süddeutschen Zeitung* erschienen. Sie sind für den Tag geschrieben, doch ist es gute Tradition der Zeitung, ihren Korrespondenten so viel Spielraum zu lassen, daß auch Texte jenseits der Aktualität möglich werden. Der Autor dankt den Kollegen der Seite Drei, deren Anteil an den Geschichten größer ist, als der Leser ahnen kann. Verbliebene Schwächen gehen zu Lasten des Verfassers.